ubu

TERRA
ARRASADA
ALÉM DA ERA DIGITAL, RUMO A UM MUNDO PÓS-CAPITALISTA
JONATHAN CRARY

TRADUÇÃO HUMBERTO DO AMARAL

9 *Prefácio*

13 CAPÍTULO UM
79 CAPÍTULO DOIS
131 CAPÍTULO TRÊS

185 *Agradecimentos*
187 *Sobre o autor*

No don't say doom
TOM VERLAINE

PREFÁCIO

Daria para erguer uma pequena montanha com todos os livros que, na última década, criticaram ou nos advertiram contra vários dos aspectos da internet e das mídias sociais. Um atributo comum compartilhado por todos esses livros, no entanto, é a suposição sem ressalvas da permanência e inevitabilidade da internet como elemento definidor da vida social, econômica e cultural. Em suma, o discurso público sobre as tecnologias de rede se restringe a propostas de aprimoramento e modificação de um sistema existente e que é aceito como uma realidade inescapável. Com *Terra arrasada*, eu estava determinado a não acrescentar mais um livro a essa pilha de textos inerentemente reformistas. Muito pelo contrário, busquei dar voz à necessidade de rejeição e à urgência na imaginação e no empenho rumo a formas de vida e de estar uns com os outros fora das rotinas desalentadoras que nos são impostas por corporações poderosas.

Uma das metas era contestar a suposição generalizada de que as tecnologias de rede que dominam e deformam nossas vidas "vieram para ficar" e insistir no fato de que a assim chamada era digital e o capitalismo tardio são sinônimos. Nenhum dos dois pode ser concebido sem o outro. Uma "internet socialista" é tão impossível quanto o oxímoro do "capitalismo verde". Muitos esquecem que o socialismo de verdade depende do florescimento de relações não monetizadas ou instrumentalizadas entre pessoas; ele não pode existir de modo significativo em meio às formas de separação, isolamento, competitividade e individualismo tóxico que são estimuladas on-line. Não é possível ser um inimigo do capitalismo e, ao mesmo tempo, validar os aparatos constitutivos de seu funcionamento.

Nos três anos que se seguiram à conclusão deste livro em 2020, o desenrolar extraordinário dos eventos amplificou a instabilidade daquelas instituições e sistemas que, conforme nos contaram, existirão para sempre. Uma das fantasias neoliberais sobre a internet se relacionava a seu suposto alinhamento com um planeta regido pelo livre mercado, para o qual ela proporcionava uma interconectividade uniforme e onipresente. Mas a até então impensável realidade de uma guerra terrestre devastadora no interior da Europa estilhaçou a miragem de um mundo unipolar movido sem atritos por fluxos de riqueza e de bens de consumo. Que outros desfechos e fraturas violentas ocorrerão no futuro próximo? Ao mesmo tempo, os últimos anos testemunharam uma intensificação de restrições, financeirização, censura, vigilância e exclusão no uso da internet levadas a cabo pelas entidades que a controlam. Agora que se tornaram artimanhas de uma classe bilionária sociopata, seria um delírio acreditar que as mídias sociais "vieram para ficar".

A efemeridade histórica daquilo a que chamo de "complexo internético" é inseparável das crises sociais e ambientais causadas pelo capitalismo global. Em vários sentidos, este livro é uma continuação de meu anterior 24/7: *Capitalismo tardio e os fins do sono*. Lá, examinei as consequências de padrões ininterruptos e permanentemente ativados de consumo, extração, combustão, produção e militarização. O resultado, como mostro nas páginas a seguir, é uma terra arrasada em que a sociedade civil e os ecossistemas erodem lado a lado. Como Rosa Luxemburgo e outros já entenderam há muito tempo, o capitalismo destrói o que quer que possa permitir que grupos e comunidades busquem práticas de apoio mútuo e de subsistência autossuficiente.

Mas uma terra arrasada também leva ao empobrecimento e à corrosão da experiência individual e compartilhada. A onipresença da internet desfigura inexoravelmente nossa percepção e as capacidades sensoriais necessárias para que conheçamos e nos liguemos afetivamente a outras pessoas. Muitas das resenhas estadunidenses e britânicas deste livro, sejam elas positivas ou negativas, se concentraram sobretudo nas declarações categóricas escritas nas primeiras 25 páginas. Para mim, no entanto, o âmago do texto está nos temas desenvolvidos no capítulo 3, no qual reflito sobre os danos que são infligidos ao olhar, ao rosto e à voz pela imersão perpétua em ambientes on-line. As formas como falamos e nos apresentamos uns aos outros são as fundações para um mundo justo e inter-humano. São as bases frágeis, mas irredutíveis, da solidariedade social, mas que cada vez mais são manipuladas, monetizadas, rotinizadas, simuladas e recuperadas como "dados acionáveis".

Nossa subordinação compulsória e passiva às redes digitais é essencial para a meta neoliberal de invisibilizar ou de tornar inconcebível qualquer abertura para modos não opressivos de viver, e esse projeto de produção de obediência e docilidade tem sido mais bem-sucedido nos Estados Unidos e em parte da Europa. Mas, como demonstrado pelas lutas continuadas e pelas formas persistentes de resistência e recusa na América Latina, na África e em outros lugares, é no Sul global, onde o espírito de revolta nunca foi derrotado, que os caminhos mais relevantes para um mundo pós-capitalista estão sendo forjados.

Jonathan Crary, janeiro de 2023

Sim, é noite, e outro mundo amanhece. Duro, cínico, iletrado, amnésico, girando em falso [...]. Esparramado, achatado, como se a perspectiva e o ponto de fuga houvessem sido abolidos [...]. E o estranho é que os mortos-vivos deste mundo se baseiam no mundo de antes [...].

PHILIPPE SOLLERS, apud Jean-Luc Godard, *Histoire(s) du cinéma*

CAPÍTULO UM

Se for possível um futuro habitável e partilhado em nosso planeta, será um futuro off-line, desvinculado dos sistemas destruidores de mundo e das operações do capitalismo 24/7. No que quer que persista do mundo, a arquitetura de grid que hoje habitamos será uma parte fragmentada e periférica das ruínas a partir das quais talvez despontem novas comunidades e projetos inter-humanos. Se tivermos sorte, uma era digital de vida breve será superada por uma cultura material híbrida baseada em antigos e novos modos de vida e de subsistência cooperativa. Há, hoje, em meio à intensificação dos processos de derrocada social e ambiental, uma conscientização cada vez maior de que uma vida diária obscurecida em todos os aspectos pelo complexo internético cruzou um limiar de irremediabilidade e toxicidade. É algo conhecido ou percebido por um número cada vez maior de pessoas, à medida que cada uma delas vivencia, em silêncio, suas consequências danosas. As ferramentas e os serviços digitais utilizados por indivíduos do mundo inteiro estão subordinados ao poder das corporações transnacionais, das agências de inteligência, do crime organizado e de uma elite de sociopatas bilionários. Para a maioria da população da Terra à qual foi imposto, o complexo internético é o motor implacável do vício, da solidão, das falsas esperanças, da crueldade, da psicose, do endividamento, da vida desperdiçada, da corrosão da memória e da desintegração social. Todos os seus alardeados benefícios tornam-se irrelevantes ou secundários diante desses impactos nocivos e sociocidas.

O complexo internético é hoje inseparável da abrangência imensa e incalculável do capitalismo 24/7 e de seu frenesi voltado à acumulação, à extração, à circulação, à produção, ao transporte e à construção, tudo em escala global. Comportamentos antagônicos à possibilidade de um mundo habitável e justo são estimulados em quase todos os aspectos das operações on-line. Movidas por apetites artificialmente produzidos, a velocidade e a ubiquidade das redes digitais maximizam a prioridade incontestável do tomar, possuir, cobiçar, ressentir, invejar – todas elas prioridades que levam adiante a deterioração de um mundo que, operando incessantemente e desprovido das possibilidades de renovação ou de recuperação, sufoca em seu próprio calor e em seu próprio lixo. O sonho tecnomodernista de um planeta como canteiro colossal de obras de inovação, de invenção e de progresso material continua a angariar defensores e apologistas. A maior parte dos muitos projetos e indústrias de energia "renovável" são pensados para a perpetuação dos bons e velhos negócios e para a manutenção de padrões devastadores de consumo, de concorrência e de uma desigualdade intensificada. Programas voltados para o mercado, como o

Green New Deal,[1] são completamente despropositados, pois não fazem nada para desativar a expansão de uma atividade econômica desprovida de sentido, os usos desnecessários de energia elétrica ou as indústrias globais extrativistas que são estimuladas pelo capitalismo 24/7.

Este livro se alinha à tradição de agitação social que tem como objetivo dar voz àquilo que é vivido em comum – àquilo que é conhecido ou parcialmente conhecido em comum, mas negado por uma enxurrada implacável de mensagens que insistem na imutabilidade de nossas existências administradas. Dia após dia, muitas pessoas sentem de forma visceral o empobrecimento de suas vidas e esperanças, mas têm apenas uma consciência hesitante sobre quanto essas percepções são compartilhadas com os outros. Meu objetivo, aqui, não é apresentar uma análise teórica cheia de nuances, e sim, nestes tempos de emergência, afirmar a verdade dessas compreensões e experiências compartilhadas e insistir que formas de recusa radical, e não de adaptação e resignação, são não apenas possíveis como necessárias. O complexo internético opera como uma proclamação sem fim de sua própria imprescindibilidade e da insignificância de toda forma de vida que continue avessa à assimilação de seus protocolos. Sua onipresença e incrustação no interior de quase todas as esferas de atividade pessoal e institucional

---

1 Referência a um conjunto de propostas defendido pelos políticos do Partido Democrata Alexandria Ocasio-Cortez e Edward John Markey. O objetivo é realizar grandes investimentos voltados tanto à reformulação da matriz energética dos Estados Unidos, com a transição para uma economia de baixo carbono, quanto à criação de postos de trabalho necessários à implementação, modificação e manutenção da infraestrutura nacional de energia. [N. T.]

tornam impensável a noção de sua impermanência ou marginalização pós-capitalista. Mas, em sua aceitação passiva de rotinas on-line entorpecedoras como sinônimas da vida, essa impressão sinaliza um fracasso coletivo de imaginação. A mudança é impensável somente na medida em que nossos desejos e nossos laços com outras pessoas e espécies permaneçam feridos e incapacitados.

O filósofo Alain Badiou observou que é nesse ponto de aparente impossibilidade que as condições para a insurreição afloram: "a política emancipatória consiste sempre em fazer parecer possível justamente aquilo que, visto de dentro da situação, é declarado impossível".[2] As vozes mais estridentes a declarar essa impossibilidade são aquelas que se beneficiam da perpetuação das coisas como elas são, que prosperam com o funcionamento ininterrupto do mundo capitalista – pessoas que se beneficiaram em termos profissionais, financeiros ou narcísicos com a ascensão e a expansão do complexo internético. Elas perguntarão, incrédulas: como poderíamos viver sem algo de que dependem todos os aspectos da vida financeira e econômica? Traduzindo, o que de fato se pergunta é: como poderíamos nos virar sem um dos elementos nucleares da cultura e da economia tecnoconsumistas que levaram a vida na Terra à beira do colapso? Viver em um mundo que não seja dominado pela internet, dirão elas, significaria ter que mudar tudo. Sim, é exatamente isso.

Qualquer caminho possível para um planeta com condições de sobrevivência será bem mais doloroso do que a maio-

---

2 Alain Badiou, *Ethics: An Essay on the Understanding of Evil*, trad. Peter Hallward. London: Verso, 2012, p. 121.

ria das pessoas reconhece ou está disposta a admitir abertamente. Uma camada fundamental da luta por uma sociedade igualitária nos próximos anos consiste na criação de arranjos sociais e pessoais que abandonem a dominância do mercado e do dinheiro sobre nossas vidas em coletividade. Isso significa a rejeição de nosso isolamento digital, a reivindicação do tempo como tempo vivido, a redescoberta de necessidades coletivas e a resistência a níveis crescentes de barbarismo, incluindo a crueldade e o ódio que emanam dos ambientes on-line. A tarefa de uma reconexão humilde com o que resta de um mundo repleto de outras espécies e formas de vida será igualmente importante. Isso poderá ocorrer de inúmeras formas, e, mesmo que sem reconhecimento público, grupos e comunidades em todas as partes do mundo estão avançando em algumas dessas empreitadas de restauração.

Apesar disso, muitos daqueles que compreendem a urgência de uma transição para alguma forma de ecossocialismo ou pós-capitalismo de crescimento zero são pouco cuidadosos ao presumir que no futuro, de algum modo, a internet e seus aplicativos e serviços atuais persistirão e funcionarão tal como de costume, lado a lado com esforços voltados à habitabilidade do planeta e a arranjos sociais mais igualitários. Há uma falha de concepção anacrônica segundo a qual a internet poderia simplesmente "mudar de mãos", como aconteceria com um serviço de telecomunicações em meados do século XX – nos moldes de uma Western Union ou de estações de rádio ou de televisão –, passível de receber novos usos com a transformação do contexto político e econômico. Mas a noção de que a internet funcionaria de forma independente das operações catastróficas do capitalismo global é só mais uma das ilusões estupefacientes do atual momento. Uma e outro estão estruturalmente entrelaçados, e a dissolução do capitalismo, quando vier, será o fim de um mundo pautado pelo mercado e moldado pela rede de tecnologias do presente. Sem dúvida haverá meios de comunicação em um mundo pós-capitalista, como sempre houve em todas as sociedades, mas eles guardarão pouca semelhança com as redes financeirizadas e militarizadas em que hoje estamos enroscados. Os vários aparelhos e serviços digitais que usamos são possíveis graças a uma exacerbação sem fim da desigualdade econômica e à desfiguração acelerada da biosfera terrestre, causada pela extração de recursos e por um consumo desnecessário de energia.

O capitalismo sempre significou a união de um sistema abstrato de valor com as externalizações físicas e humanas a ele correspondentes, mas, com as redes digitais contemporâneas, há uma integração mais completa dos dois. A interconexão de todos os telefones, laptops, cabos, supercomputadores, modems, fazendas de servidores e torres de telefonia celular é a concretização dos processos quantificáveis do capitalismo financeirizado. A distinção entre capital fixo e circulante fica permanentemente borrada. Ainda assim, muitos permanecem presos à imagem falaciosa da internet como um agenciamento tecnológico independente, como um conjunto de ferramentas – e a predominância de aparelhos que cabem nas mãos amplifica essa ilusão.[3]

---

3 Para uma análise da "magnitude de nosso fracasso em perceber a dimensão política da tecnologia", cf. Alf Hornborg, "Technology as Fetish: Marx, Latour, and the Cultural Foundations of Capitalism". *Theory, Culture and Society*, v. 31, 2014, pp. 119-40.

No começo dos anos 1970, o crítico social Ivan Illich desenvolveu uma definição abrangente de "ferramenta" que incluía "artefatos racionalmente projetados, instituições produtivas e funções arquitetadas". As ferramentas, escreveu Illich, são intrinsecamente sociais, e ele as analisava segundo uma oposição fundamental: "em sua ação, um indivíduo se relaciona com a sociedade por meio do uso ou das ferramentas que domina ativamente ou daquelas pelas quais é afetado passivamente".[4] Illich enfatizava que as pessoas extraem felicidade e satisfação do uso de ferramentas "menos controladas por terceiros" e alertava que "o crescimento das ferramentas para além de um certo ponto aumenta a arregimentação, a dependência, a exploração e a impotência". No final dos anos 1990, poucos anos antes de sua morte, Illich notou o desaparecimento da técnica como ferramenta que se apresentava como um meio destinado a um fim, como um instrumento com o qual um indivíduo poderia investir sentido no mundo. No lugar disso, percebeu a disseminação de tecnologias cujas regras e operações absorviam as pessoas. Ações que antes eram ao menos parcialmente autônomas agora se manifestavam como comportamentos "sistema-adaptativos".[5] Dentro dessa realidade sem precedentes históricos, todas as metas e os fins que perseguimos deixam de ser aqueles que escolhemos efetivamente.

---

4 Ivan Illich, *Tools for Conviviality*. New York: Harper and Row, 1973, pp. 20-21.
5 Jean Robert, "Energy and the Mystery of Iniquity", in *The Challenges of Ivan Illich*, org. Lee Hoinacki e Carl Mitcham. New York: SUNY Press, 2002, p. 186.

Apesar de sua novidade histórica, o complexo internético é uma ampliação e uma *consolidação* de arranjos que há muitos anos estão em operação ou têm sido concretizados em parte. Como colcha de retalhos de elementos concebidos em diferentes épocas e com uma variedade de usos – alguns dos quais remontam às configurações para os fluxos financeirizantes de eletricidade, projetadas nos anos 1880 por Thomas Edison e George Westinghouse, depois usurpadas por J. P. Morgan –, a internet dificilmente poderia ser compreendida como um bloco monolítico. Atualmente, testemunhamos o ato final do projeto insensato e incendiário de um mundo completamente conectado, da crença irresponsável de que a disponibilidade de energia elétrica 24/7 para um planeta com 8 bilhões de pessoas poderia ser alcançada sem as consequências desastrosas que agora ocorrem por toda parte.

A quase instantaneidade da conectividade da internet faz dela o cumprimento da previsão de um mercado global (*Weltmarkt*) feita por Marx nos anos 1850. Marx viu a inevitabilidade da unificação capitalista de um mundo no qual limitações à velocidade de circulação e de troca viriam a ser progressivamente reduzidas graças à "anulação do espaço pelo tempo".[6] Ele também compreendeu que o desenvolvimento de um mercado mundial levaria necessariamente à "dissolução da comunidade" e de todas as relações sociais

---

6 Karl Marx, *Grundrisse: manuscritos econômicos de 1857-1858. Esboços da crítica da economia política* [1939], trad. Mario Duayer e Nélio Schneider. São Paulo: Boitempo, 2011, p. 432. Cf. também Antonio Negri, *Marx além de Marx: ciência da crise e da subversão. Caderno de trabalho sobre os Grundrisse* [1979], trad. Bruno Cava. São Paulo: Autonomia Literária, 2016, pp. 215-18.

independentes da "tendência universal do capital". Assim, mesmo que mais generalizado hoje, o isolamento associado às mídias digitais é uma continuidade da fragmentação social produzida por forças institucionais e econômicas ao longo do século xx. A materialidade das mídias pode ter mudado, mas as mesmas experiências sociais de separação, desempoderamento e desmantelamento da comunidade não só continuam como se intensificam. O complexo internético rapidamente se tornou parte essencial da austeridade neoliberal ao promover a continuada erosão da sociedade civil e ao substituí-la por simulações on-line monetizadas de relações sociais. Esse complexo fomenta a crença de que já não dependemos uns dos outros, de que somos administradores autônomos de nossas próprias vidas, de que podemos gerir nossas amizades da mesma forma como gerimos nossas contas on-line. Ele também potencializa aquilo que a teórica social Elena Pulcini chama de "apatia narcísica" de indivíduos esvaziados do desejo por comunidade e que vivem em conformidade passiva com a ordem social existente.[7]

Desde o final dos anos 1990 ouvimos sem cessar que as tecnologias digitais dominantes "vieram para ficar". A narrativa-mestra segundo a qual a civilização mundial adentrou a "era digital" promove a ilusão de uma época histórica cujas determinações materiais estão além de toda e qualquer possibilidade de intervenção ou alteração. Um dos resultados disso tem sido a aparente naturalização da internet, que, hoje, muitos supõem estar imutavelmente instalada no pla-

---

7 Elena Pulcini, *The Individual without Passions*, trad. Karen Whittle. Lanham, md: Lexington, 2012, pp. 129-30.

neta. Todas as numerosas mistificações das tecnologias da informação ocultam quão inseparáveis elas são dos estratagemas esperneantes de um sistema global em crise terminal. Fala-se muito pouco sobre como a financeirização da internet depende intrinsecamente de uma economia global que, tal qual um castelo de cartas, já começa a oscilar e enfrenta a ameaça adicional dos impactos plurais do aquecimento planetário e do colapso das infraestruturas.

As declarações iniciais sobre a permanência e a inevitabilidade da internet coincidiram com várias celebrações do "fim da história", nas quais o capitalismo global de livre mercado foi declarado vencedor, sem rivais à altura e dominante de forma perpétua. Mesmo que, em termos geopolíticos, essa ficção tenha implodido rapidamente no começo dos anos 2000, a internet parecia validar a miragem da pós-história. Ela aparentava introduzir uma realidade padrão uniforme e definida pelo consumo, alheia ao mundo físico e à escalada de conflitos sociais e desastres ambientais. O advento das redes sociais, com todas as suas aparentes oportunidades para autoexpressão, chegou a sugerir, por pouco tempo, uma concretização empobrecida do horizonte de autonomia e de reconhecimento para todos formulado por Hegel. Agora, contudo, como componentes constitutivos do capitalismo do século XXI, as funções-chave da internet incluem a desativação da memória e a absorção das temporalidades vividas – não o fim da história, mas sua transformação em algo irreal e incompreensível. A paralisia da lembrança ocorre individual e coletivamente: ela pode ser notada na transitoriedade dos artefatos "analógicos" que são digitalizados – em vez de serem preservados, têm como destino o esquecimento e a perda, que não são percebidos por ninguém. Do mesmo modo, nossa própria descartabilidade é refletida em aparelhos que definem nossa identidade e que logo se transformam em lixo digital. Os próprios arranjos que supostamente "vieram para ficar" dependem da efemeridade, da desaparição e do esquecimento de todas as coisas duráveis ou permanentes com as quais possa haver compromissos partilhados. No final da década de 1980, Guy Debord observou o grau de difusão dessas temporalidades: "quando o importante se torna socialmente reconhecido como o que é instantâneo, e vai sê-lo um instante depois – diferente e igual –, e que sempre substituirá uma outra importância instantânea, pode-se também dizer que o meio utilizado garante uma espécie de eternidade dessa não importância, que fala tão alto".[8]

A transformação da internet – de uma rede durante décadas usada principalmente por instituições militares e de pesquisa em um serviço on-line universalmente disponível em meados dos anos 1990 – não aconteceu apenas em função de avanços na engenharia de sistemas. Na realidade, essa mudança ocorreu como parte essencial da reorganização maciça de fluxos de capital e da reconstituição dos indivíduos como "empreendedores de seus capitais humanos". A introdução generalizada de modalidades informais, flexíveis e descentralizadas de trabalho foi notada por muitos, mas, no começo dos anos 1980, apenas um número menor de comentaristas foi capaz de apreender o que estava em

---

8   Guy Debord, "Comentários sobre a sociedade do espetáculo" [1988], in *A sociedade do espetáculo*, trad. Estela dos Santos Abreu. Rio de Janeiro: Contraponto, 1997, p. 178.

jogo em um nível mais profundo. Jean-Paul de Gaudemar, por exemplo, identificou uma reconfiguração fundamental do capitalismo que envolveu bem mais que a reorganização do trabalho e a dispersão global da produção. "Com efeito, vivemos agora em uma era em que está claro que o capital deve, daqui em diante, reconquistar *a totalidade do espaço social*, do qual o sistema anterior tendeu a separá-lo. Para dominar mais que nunca esse corpo social, o capital deve reincorporá-lo."[9] Nos anos 1980, teria sido impossível prever as formas concretas que essa reconquista tomaria ou a implacabilidade com que, décadas mais tarde, ela continua a subsumir cada vez mais camadas da experiência vivida. Incontáveis esferas do social, com suas autonomias e texturas locais próprias, desapareceram ou foram padronizadas como simulações on-line. Hoje, o complexo internético é o aparato global absoluto para a dissolução da sociedade.

A partir de meados dos anos 1990, o complexo internético foi propagandeado como inerentemente democrático, descentralizador e anti-hierárquico. Dizia-se que se tratava de um meio inédito para a livre troca de ideias, de forma independente de controles impostos de cima para baixo, e capaz de equilibrar a arena do acesso midiático. Mas não foi nada disso. Houve uma fase breve de entusiasmo ingênuo, similar às esperanças não concretizadas veiculadas a respeito da ampla disponibilidade da televisão a cabo nos anos 1970. A narrativa de agora – aquela de uma tecnologia

---

9   Jean-Paul de Gaudemar, "The Mobile Factory". *Zone 1/2*, 1986, p. 286. Publicado pela primeira vez em J.-P. de Gaudemar (org.), *Usines et ouvriers. Figures du nouvel ordre productif*. Paris: Maspero, 1980. Itálicos acrescentados.

igualitária colocada em risco por monopólios corporativos, pela supressão da neutralidade da rede e pela invasão da privacidade – é claramente falsa. Nunca houve nem haverá "bens comuns digitais" [*digital commons*]. Desde o começo, o acesso de um público global à internet sempre esteve ligado à captura do tempo, ao desempoderamento e à conectividade despersonalizada. A única razão pela qual, em um primeiro momento, a internet parecia "mais livre" ou mais aberta se deveu ao fato de que os projetos de financeirização e de expropriação não foram implementados todos ao mesmo tempo, tendo levado alguns anos para alcançar um ponto de aceleração, no começo da década de 2000. Para as corporações transnacionais, o acesso universal à internet permitia remodelar tanto o trabalho como o consumo, convertidos agora em ocupações 24/7 liberadas das restrições de tempo ou de lugar. Isso também criou possibilidades amplas e inter-relacionadas de monitoramento e de interpelação de qualquer pessoa que esteja conectada, além da simultânea intensificação da privatização social. Tomando de empréstimo a perspectiva do historiador de mídias Harold Innis, o controle corporativo das redes digitais pode ser compreendido como um "monopólio do conhecimento" que está a serviço das ambições de um império ou Estado dominante.[10] Innis notou que, enquanto aparentam proporcionar acesso popular ou democrático à informação, os sistemas de comunicação têm tido como meta mais ampla, ao longo da história, desmantelar comunidades locais e regionais ao atraí-las para esferas maiores em que o monopólio do conhecimento

---

10 Cf. Harold Innis, *Empire and Communication*. Oxford: Clarendon, 1950.

está assegurado, de modo a garantir a subsequente dominação cultural e econômica. Como ele observou, é raríssimo que grupos subjugados consigam se apropriar efetivamente das mídias comunicacionais com vistas a atingir seus próprios objetivos políticos.

Já em meados dos anos 1990, a desestabilização do trabalho, a intensificação da desigualdade econômica, o desmantelamento dos serviços públicos, a criação estrutural do endividamento e muitos outros fatores exigiram novas formas de manutenção da docilidade política. As distrações digitais ilimitadas se apresentaram como um empecilho à ascensão de movimentos antissistêmicos de massa. Parte da recepção otimista à internet se baseava na expectativa de que a rede mundial de computadores se tornasse uma ferramenta organizacional indispensável para movimentos políticos não convencionais, ao potencializar o impacto de formas menores ou marginais de oposição. No mundo real, a internet mostrou ser um conjunto de arranjos que impedem ou obstruem até mesmo o surgimento hesitante de movimentos e ações antissistêmicos duradouros. É claro que, como instrumento, a internet pode funcionar para transmitir informações a um grande número de destinatários e ajudar, por exemplo, em mobilizações de curto prazo voltadas a uma questão específica, frequentemente ligada à política identitária, às "revoluções coloridas", às marchas pelo clima ou a demonstrações pontuais de repúdio. Além disso, não se deve perder de vista que movimentos radicais de base ampla e mobilizações de massa bem maiores foram realizados nos anos 1960 e no começo dos anos 1970 sem fetichização alguma dos meios materiais utilizados em sua organização.

Abordagens da internet como um campo igualitário e horizontal de "esferas públicas" apagaram toda e qualquer linguagem baseada em classes ou na defesa da luta de classes, em um momento histórico em que antagonismos de classe estão mais pronunciados do que nunca. De fato, o complexo internético nunca foi empregado, com o menor sucesso que fosse, na promoção de agendas anticapitalistas ou antiguerra. Seu funcionamento dispersa os desempoderados em agrupamentos de identidades, facções e interesses separados – e é eficiente sobretudo na solidificação de grupos reacionários. A insularidade aí produzida age como incubadora de particularismos, racismos e neofascismos. Como Nancy Fraser e outros argumentam, a política identitária tem sido fundamental para as estratégias das elites neoliberais "progressistas" – para garantir que uma maioria potencialmente poderosa não seja capaz de se reconhecer, de modo que se divida em facções separadas e rivais a partir das quais um punhado de representantes sejam autorizados a adentrar a meritocracia.[11] A internet eleva essa estratégia de realçar a diversidade e incentivar a compartimentação a um novo patamar de eficiência. Ao mesmo tempo, o fato de que as redes sociais fazem circular apenas as ideias de mais fácil apresentação dilui e domestica programas potencialmente radicais ou insurgentes, sobretudo aqueles que não produzem resultados imediatos ou que possam exigir comprometimentos de longo prazo. Teóricos da comunicação identificaram as formas pelas quais as mídias se transformam em "mecanismos

---

11 Nancy Fraser, *O velho está morrendo e o novo não pode nascer*, trad. Gabriel Landi Fazzio. São Paulo: Autonomia Literária, 2019, pp. 39-40.

de condução" que servem para limitar, moldar e redirecionar o debate público. A internet se tornou o mais infinitamente nuançado e poderoso desses mecanismos de condução na história das mídias de massa. Seria difícil encontrar uma "conversa" em curso que não tenha sido moldada por mecanismos cada vez mais eficientes de orientação de trocas on-line e de intervenção no conteúdo das mensagens.

Vários grupos de ativistas reconheceram a armadilha das redes sociais depois de passar por formas de sabotagem, interferência e vigilância, além de um enfraquecimento na confiança e na camaradagem no interior de comunidades do mundo real, entre participantes que se encontram face a face. Para tomarmos apenas um dentre muitos exemplos, o grupo Dream Defenders, da Flórida, formado na esteira do assassinato de Trayvon Martin em 2012, suspendeu e subsequentemente marginalizou o uso que fazia das redes sociais em razão dos impactos deletérios destas sobre a organização e os objetivos dela. Nas palavras de um de seus organizadores:

> Todas as brigas que acontecem nas redes sociais são um indicativo do fato de que as pessoas não se conhecem direito. As redes sociais proporcionam a ilusão de relacionamentos profundos. Enquanto as pessoas não se conhecerem de verdade, o trabalho nunca vai avançar muito. Isso está facilitando a vida do Cointelpro,[12] na medida em que vemos essas

[12] O Programa de Contrainteligência (*Counter Intelligence Program* – Cointelpro) foi criado por J. Edgar Hoover, diretor do Escritório Federal de Investigação (FBI), para realizar ações clandestinas e ilegais de sabotagem e desestabilização de organizações diversas. Entre estas, grupos que contestavam o capitalismo (como o Partido Comunista dos Estados Unidos), que estavam

pessoas se desafiando on-line e também vemos todos esses rachas sendo criados. As redes sociais estão causando isso. É importantíssimo que nos afastemos disso tudo imediatamente. Estamos em um momento bastante grave, em que todos esses problemas podem acabar matando o movimento [...]. Sair das redes sociais é uma oportunidade para entender de verdade como elas estão nos impactando, como estão sendo usadas por nosso opressor para nos manipular.[13]

Uma política eleitoral baseada no engajamento de pessoas por meio da interpelação on-line, como tentaram alguns partidos de centro-esquerda europeus, produz inevitavelmente uma despolitização daqueles cuja participação é a meta aparente. A "política" se torna uma extensão dos mesmos gestos e cliques, do mesmo uso de sondagens e de pesquisas de opinião que fortalecem a integração das pessoas às rotinas do consumismo e do autogerenciamento. O resultado é um passo em frente, três passos atrás. A não ser que a difícil tarefa da criação de novas formas cooperativas e comunais de vida se torne uma prioridade política, todos os tipos de ativismo on-line continuarão a se desenvolver de forma inócua, sem que se obtenha qualquer mudança radical ou fundacional. Manifestações, protestos e marchas são realizados, mas, ao mesmo tempo, há uma reimersão na separação atomizante da vida digital. Os vínculos que parecem florescer no curso da ação logo evaporam. Mesmo durante as marchas,

---

ligados à luta pelos direitos civis e ao movimento Black Power (como os Panteras Negras) e células feministas ou contrárias à Guerra do Vietnã. [N. T.]

13 Kate Aronoff, "Inside the Dream Defenders' Social Media Blackout". *Open Democracy*, 6 out. 2015.

ocupações, zonas liberadas e mobilizações de todos os tipos, a solidariedade do grupo é enfraquecida pela massa crítica de indivíduos que, agarrados a seus aparelhos e aos recursos de promoção pessoal das redes sociais, estão simultaneamente em outros lugares.

Apesar de uma leve tendência de alta na abertura para as possibilidades do socialismo nos Estados Unidos, o tema levou sobretudo a debates sobre candidaturas eleitorais e iniciativas econômicas isoladas. O que tem estado ausente é a compreensão de que o socialismo não pode ser simplesmente implementado no nível da governamentalidade e das políticas econômicas, mas que – o que é mais importante – sua construção exige mudanças de consciência e nas atividades cotidianas. No final do século XIX e começo do XX, muitos anarcossocialistas praticaram modos de vida e de conexão com outras pessoas que prefigurariam ou anteciparam um mundo social mais amplo de apoio mútuo. Durante esses anos, sobretudo na Europa, o florescimento de grupos comunais e de organizações de trabalhadores ofereceu as bases para formas desprivatizadas de coexistência e de compartilhamento de recursos. Para o revolucionário alemão Gustav Landauer, "o socialismo é o contínuo tornar--se comunidade na humanidade"; trata-se de uma ação que carrega suas finalidades em si mesma.[14] O Estado capitalista, escreveu Landauer, "é uma condição, um certo relacionamento entre seres humanos, um modo de comportamento;

---

14 Essa caracterização do pensamento de Landauer foi esboçada por Martin Buber, de quem era amigo próximo. Cf. Martin Buber, *Paths in Utopia*, trad. R.F. Hull. New York: Macmillan, 1950, p. 56.

podemos destruí-lo ao aderir a novos relacionamentos, ao nos comportarmos de outro modo".[15] Landauer reconhecia a necessidade de nos tornarmos novos tipos de sujeitos, de fazer a difícil transição para a priorização da responsabilidade perante os outros em detrimento da miragem da autonomia individual. Essa transição nunca acontecerá on-line: a internet produz, de forma esmagadora, subjetividades autocentradas incapazes de imaginar objetivos e resultados que não aqueles consagrados ao privado, ao individual. Contudo, é raro que a minoria comprometida com a mudança social privilegie a ideia de uma transformação radical nos modos de vida em detrimento da proteção proporcionada pela atividade on-line rotinizada. Enquanto continuarem a entrar em pânico diante da ideia de modos de vida fundados no compartilhamento e na cooperação, as pessoas serão incapazes de revolta e permanecerão dependentes das instituições existentes. Eis uma verdade irrefutável: não existem sujeitos revolucionários nas redes sociais.

A debacle está na loucura de buscar mudanças sistêmicas através de aparatos que servem à garantia da submissão ao que está posto e às regras impostas por aqueles que estão no poder. Qualquer pessoa que tenha sido inculcada com algumas das platitudes políticas do pós-modernismo insistirá que o oposto é verdade, que é impossível ocupar uma posição externa às "malhas do poder" – esse poder difuso que se estende por toda parte e que não pode ser confrontado. Noções como essa se tornaram um ponto de partida conveniente para que

---

15 Citado em Eugene Lunn, *Prophet of Community: The Romantic Socialism of Gustav Landauer*. Berkeley: University of California Press, 1973, p. 224.

muitos críticos e acadêmicos desmereçam as possibilidades de revolta ou de militância e as considerem ultrapassadas e fora de moda. Hoje, com todas as suas ferramentas para a promoção e o *branding* do indivíduo, o complexo internético é a nova e oportunista ilusão de "malha do poder", na qual o uso de plataformas de redes sociais em constante transformação se faz passar por oposição ou resistência.

A análise feita pelo coletivo Retort em seu livro de 2004, *Afflicted Powers* [Poderes acometidos], continua muitíssimo relevante ainda hoje, sobretudo em sua discussão sobre o papel das mídias de massa no cultivo da obediência e da apatia no rescaldo do 11 de Setembro. Para esses autores, o atributo mais significativo da globalização é a militarização de todo o planeta, e é nesse sentido que descreviam como a estratégia de "guerra permanente" sempre busca normalizar a si mesma, passar despercebida por meio da familiaridade e da ubiquidade. Uma sequência interminável de intervenções militares teve de ser representada "como parte corriqueira da vida política externa do Estado" a fim de garantir a docilidade das populações domésticas.[16] Assim, o livro indicava o papel desempenhado pelos aparatos midiáticos no estímulo a uma despreocupação calejada com mortes de civis em lugares distantes. Em poucas palavras, a guerra facilita a pilhagem de recursos, a salvaguarda de mercados e a criação de trabalho barato e explorável. Os autores identificavam um duplo movimento de intervenções militares na periferia, voltadas a produzir Es-

---

16 Retort Collective, *Afflicted Powers: Capital and Spectacle in a New Age of War*. London: Verso, 2005.

tados falidos e instabilidades regionais, e, no centro, de uso de métodos menos violentos para a promoção da cidadania desinteressada e de consumidores obedientes.

Os autores certamente também teriam percebido que, desde o colapso econômico de 2008, formas de terror estatal e de aprofundamento da miséria econômica foram trazidas dessa atuação externa para serem implementadas contra diversas comunidades e populações domésticas. Hoje é possível reconhecer, ainda, outros atributos daquele momento pós-11 de Setembro que não eram evidentes na época. O fortalecimento do *warfare state* permanente coincidiu com a instalação e a adoção em massa da Web 2.0. De modo contraintuitivo, uma configuração que possibilitava conteúdos gerados por usuários e que supostamente permitia uma cultura participativa na internet foi um fator importante no avanço da normalização da guerra e de sua invisibilização para aquelas milhões de pessoas aninhadas em ambientes on-line. Igualmente significativa é a indiferença maciça à instalação semipermanente de infraestruturas militares estadunidenses ao redor do planeta. A não ser por um pequeno número de ativistas, há uma ampla recusa até mesmo a reconhecer as atividades do "maior incorporador, latifundiário, fornecedor de equipamentos e consumidor de energia do mundo".[17] Mobilizações em massa contra guerras imperiais levaram ao menos a uma inibição parcial das intervenções internacionais dos Esta-

---

17 Cf. Pierre Bélanger e Alexander Arroyo, *Ecologies of Power: Countermapping the Logistical Landscapes and Military Geographies of the U.S. Defense Department*. Cambridge: MIT Press, 2016.

dos Unidos, mas a internet rapidamente contribuiu para a marginalização da resistência na sequência dos protestos globais de fevereiro de 2003 contra a invasão iminente do Iraque. O caráter constante dos tipos de luta e de solidariedade exigidos por um movimento antiguerra ou anti-imperialista é inconciliável com as temporalidades e formas superficiais de atenção que acompanham a proliferação das redes sociais.

A atual indiferença diante das intervenções militares dos Estados Unidos e da pilhagem de recursos no Sul global deve ser contrastada com a trajetória bastante diferente do ativismo internacional nos anos 1994-2001. Do primeiro levante zapatista às manifestações anti-OMC [Organização Mundial do Comércio] em Gênova, os movimentos antiglobalização eram motivados por uma convicção de que a derrota do capitalismo neoliberal deveria ser o objetivo primordial e a fundação para as lutas locais ou mais delimitadas. Um manifesto de 1998 da Ação Global dos Povos expressou essa prioridade: "Temos que começar mirando na cabeça; temos militado contra a energia nuclear, contra a falta de moradia, contra o machismo – tentáculos diferentes de um mesmo monstro. Mas nunca vamos conseguir nada de verdade dessa maneira, precisamos mirar na cabeça".[18] O embalo gerado pelos eventos em Seattle, em Gênova e em outros lugares do mundo foi desestabilizado em parte pelo cancelamento das reuniões do Fundo Monetário Internacio-

---

18 Olivier de Marcellus, "Peoples' Global Action: The Grassroots Go Global", in Notes from Nowhere (org.), *We Are Everywhere: The Irresistible Rise of Global Anticapitalism*. London: Verso, 2003, p. 100.

nal (FMI)/Banco Mundial que, antes do 11 de Setembro, estavam previstas para acontecer naquele mês em Washington. Hoje, vinte anos depois e em um mundo mudado, o enfoque e a clareza estratégica iniciais dos movimentos anticapitalistas globais continuam a ser diluídos em um pot-pourri de queixas particularizadas. Em uma retrospectiva recente das manifestações anticapitalistas de 1999 em Seattle, o ativista anarquista Chris Dixon detalhou os meses de organização coletiva anterior às reuniões da OMC, que envolveu milhares de pessoas que "foram até colégios, igrejas, organizações de trabalhadores, associações de bairro, locais de trabalho e universidades" para formar grupos de afinidade e experimentar formas criativas de democracia direta em uma luta que fosse pautada pela comunidade. Talvez involuntariamente, o relato de Dixon é um veredito severo quanto à superficialidade e inadequação do ativismo baseado na internet e nas estratégias de redes sociais.

Perto do fim de sua vida, em 2007, Jean Baudrillard observou que a lógica da modernidade ocidental exigia a imposição de seus termos sobre o mundo inteiro, sem que povos ou lugares pudessem escapar de suas exigências. O Ocidente, escreve Baudrillard, exporta seus modelos econômicos e culturais por toda parte em nome da universalidade, mas trata-se de uma universalidade anulatória, esvaziada de toda e qualquer verdade e que deixa como rastro tudo aquilo que foi dessacralizado, desvelado, objetificado, financeirizado. Impõe-se ao resto do mundo o desafio de "acabar por se depreciar, por negar seus próprios valores [...], sacrificar tudo aquilo que faz com que um ser humano ou uma cultura adquiram valor perante seus próprios olhos".[19] Mas o que Baudrillard identifica aqui já estava em curso bem mais cedo, como deixa claro a análise que Aimé Césaire fez em 1955 sobre a colonização europeia: "Falam-me de progresso, das 'realizações', das doenças curadas e dos níveis de vida elevados além de si mesmos. Mas *eu* falo de sociedades esvaziadas de si mesmas, culturas pisoteadas, instituições solapadas, terras confiscadas, religiões assassinadas, magnificências artísticas destruídas, *possibilidades* extraordinárias suprimidas".[20]

A atomização social da internet reproduz algo intrinsicamente estadunidense em sua maximização implacável da ganância, na independência ilusória que parece prometer aos usuários e em sua capacidade para a comunicação unilateral, livre do diálogo e da reciprocidade e apartada dos espaços físicos. Como Bernard Stiegler e outros já afirmaram, o complexo internético encarna um modelo especificamente estadunidense de consumo tecnológico ao qual houve pouca ou nenhuma resistência na Europa e em outros lugares e que resultou na destruição de culturas regionais ou nacionais.[21] Para Stiegler, uma das inovações exportadas pelos Estados Unidos foi a tecnologia para "a produção em massa de comportamentos" e para uma hipersincronização da consciência que levou à "decompo-

---

19 Jean Baudrillard, *Carnival and Cannibal, or the Play of Global Antagonism*, trad. Chris Turner. London: Seagull, 2010, pp. 23-25.

20 Aimé Césaire, *Discurso sobre o colonialismo* [1955], trad. Claudio Willer. São Paulo: Veneta, 2020, pp. 24-25. Grifos do original.

21 Bernard Stiegler, *The Decadence of Industrial Democracies*, trad. Daniel Ross e Suzanne Arnold. Cambridge: Polity, 2011, pp. 7-13.

sição do social como tal". O "regime hegemônico do mercado", no qual o cálculo e a computação foram estendidos a todos os aspectos da vida, torna impossível que um indivíduo ame a si mesmo e aos outros ou que tenha qualquer desejo com relação ao futuro.[22]

Ainda hoje, todo o fervor aparentemente altruísta a respeito da superação do "fosso digital" consiste em uma campanha unificada travada por interesses corporativos para que a adesão digital seja exigida por toda parte, no que se inclui o aprendizado baseado em computadores mesmo em escolas para as crianças mais novas. O que se tem insinuado é que pessoas desprovidas de acesso a conexões de banda larga estão vivendo em condições de privação, excluídas das possibilidades de mobilidade social ascendente, de oportunidades de carreira e de enriquecimento cultural. No entanto, a meta principal dos mais poderosos interessados nesse acesso está na futura transformação de todas as pessoas em consumidores cativos e obedientes para seus produtos e serviços. A verdade não dita é que, conforme o acesso e o uso da internet se expandem, as desigualdades econômicas se acentuam, e não o contrário. A "alfabetização digital" é um eufemismo para comprar, jogar on-line, maratonar séries e se engajar em outros comportamentos monetizados e viciantes. *Power brokers* endinheirados e cínicos como Nicholas Negroponte, fundador do MIT Media Lab, pontificam sobre a transformação do acesso à internet em "direito humano", enquanto pautas alinhadas ao mundo corporativo promovem a ideia de

---

22 Id., *Symbolic Misery, v. 1: The Hyperindustrial Epoch*, trad. Barnaby Norman. Cambridge: Polity, 2014, p. 10.

"um laptop para cada criança", apesar dos fracassos retumbantes da educação baseada em computadores nas escolas de ensino fundamental. Contudo, é no Sul global e em outros lugares que o rolo compressor da propaganda dos produtos e serviços das empresas *high-tech* produz as consequências mais nocivas. Os processos violentos da modernização ocidental sempre se voltaram contra a sobrevivência de singularidades locais ou regionais. Em nações ou áreas em que solidariedades tradicionais ou indígenas persistem, o complexo internético se manifesta como uma nova tecnocolonização que destroça formas longevas de coesão social. Agora, mesmo sua instalação parcial introduz mais uma camada de homogeneização, mas desta vez no nível da consciência.

A realidade das crescentes polarização e desigualdade globais é continuamente disfarçada por fabulações da mídia convencional que representam um planeta que, graças à tecnologia que compartilhamos, diminui distâncias e confraterniza com alegria. É assim que nos contam que os pescadores dos povos originários em Labrador, no Canadá, usam softwares de GPS para guiar seus barcos, que as comunidades indígenas da Austrália usam o Facebook "para contar as próprias histórias", que artistas têxteis no Zimbábue comercializam seus produtos no Etsy ou no eBay e que cursos on-line abertos e massivos (MOOCs, na sigla em inglês) estão levando esclarecimento e prosperidade à África do Norte e ao Oriente Médio. O que está implícito nessas narrativas é que o impacto "civilizatório" da internet abolirá as desvantagens ligadas a limitações tecnológicas e permitirá que esses povos sejam "como nós". Esse tipo de jornalismo não é apenas uma modalidade agradável de apaziguamento do tipo *we are the world*,[23] uma garantia tranquilizadora de que estamos no caminho certo. Trata-se também do escancaramento de uma premissa colonizadora profundamente arraigada que supõe que as regiões pobres da periferia desejam e adotam de bom grado a tecnologia ocidental, incluindo as redes sociais, e que necessariamente se beneficiarão da implementação dela. Para o teórico político Samir Amin, esse é o legado do eurocentrismo em sua pior manifestação – ou seja, o legado do capitalismo que impõe um modelo de abundância material estruturalmente impossível de atingir e que, na verdade, jamais corresponde a seu objetivo real. Uma vez mordida a isca da modernização ocidental, o que vem na sequência não fará mais que perpetuar e intensificar relações desiguais. Como Enrique Dussel e outros já argumentaram, estamos agora nos estágios finais não apenas do capitalismo, mas do sistema-mundo europeu como um todo, após quase quinhentos anos em funcionamento à custa da exploração e do assassinato dos povos não europeus e do mundo natural. Como nova modalidade de administração planetária, o complexo internético é parte indispensável de uma estratégia de defesa concebida para proteger o sistema global e para resistir à decolonização e à desocidentalização. Sua disponibilidade mundial faz desse complexo parte essencial de todos os esforços econômicos e militares voltados a combater as

---

23 Composta em 1985 por Michael Jackson e Lionel Richie, "We Are the World" foi cantada por um conjunto de 45 dos mais famosos cantores estadunidenses da época com o objetivo declarado de arrecadar fundos para a prestação de auxílio humanitário na África. Com uma letra marcada por mensagens de união global e esperança, é associada na cultura popular à ideia de uma humanidade que caminha rumo a dias melhores. [N. T.]

duras realidades da geografia, em que a América do Norte se situa na periferia literal e simbólica do planeta pós-ocidental que está vindo à tona. Como Dussel enfatiza, a derrota desse sistema-mundo e da ameaça que ele traz consigo à sobrevivência de todas as formas de vida é, hoje, a principal e mais importante tarefa a cargo da humanidade.[24]

As temporalidades inabitáveis do capitalismo infundem desespero e desesperança nas condições de trabalho e de vida em coletividade. Tudo o que é necessário para um senso mínimo de estabilidade – seja o trabalho, um lugar para morar, comunidades ou saúde pública – foi projetado para estar sempre a ponto de ser descartado, reduzido, tomado, demolido. É aí que a sociopatologia do capitalismo se mostra mais virulenta. Franco Berardi e outros discutiram como o neoliberalismo e sua blindagem tecnológica produzem novas manifestações de psicose em escala global. Para Berardi, vivemos em uma época de "niilismo aniquilatório", na qual a desintegração de formas de solidariedade social de longa data é inseparável de epidemias de depressão, vício e suicídio.[25] A raiva, a crueldade e a autocomiseração que se alastram pela internet continuam a transbordar para o espaço real por meio de eventos cada vez mais frequentes de violência em massa. Sobretudo nos Estados Unidos, um credo subjacente de ressentimento, individualismo e recusa de responsabilidade perante os outros deu à luz os monstros que hoje nos são familiares. Aqui, ao lado de todas as mercadorias que somos impelidos

---

24 Enrique Dussel, *Beyond Philosophy: Ethics, History, Marxism, and Liberation Theology*. Lanham, MD: Rowman and Littlefield, 2003, pp. 68-69.

25 Franco Berardi, *Heroes: Mass Murder and Suicide*. London: Verso, 2015, p. 88.

a cobiçar, um produto tem lugar de destaque: a arma de fogo. Simbolicamente, e demasiadas vezes na prática, a arma de fogo redime a vacuidade de uma cultura materialista que produz impotência e frustração. Uma arma de fogo não se desgasta e raramente precisa de reparos. Para muitos, é o oposto tranquilizador de todos os objetos fajutos e relacionamentos rompidos que vêm e vão na vida das pessoas. Acima de tudo, em sua letalidade inerente, a arma de fogo se torna a última garantia de uma sociedade de iguais e o espectro assustador de uma agência individual desaparecida.

Nos anos 1970, a loucura era com frequência entendida como uma condição que espelhava os deslocamentos do capitalismo, mas, ao mesmo tempo, consistia em um delírio de interrupção, de fuga, que mantinha ao menos alguma potência radical, como Deleuze e Guattari defendem em *O anti-Édipo*. Essa ideia pode ser rastreada em ficções daquela década, como *Woman on the Edge of Time* [Uma mulher às margens do tempo], de Marge Piercy, *Roteiro para um passeio no inferno*, de Doris Lessing, e *Ceremony* [Cerimônia], de Leslie Silko, em que as autoras exploram como a loucura instiga rompimentos, partidas para outras experiências de tempo e de desejo e a redescoberta da comunidade. Hoje, décadas mais tarde, as nivelações e liquidações severas do capitalismo são mais invasivas e disseminadas que naquela época. A loucura encontra menos rotas de fuga ou formas de rompimento que conduzam a outras direções. A imersão involuntária em temporalidades 24/7 potencializa uma condição generalizada de quase psicose desprovida de qualquer aspecto fugitivo ou nômade. Ao escrever nos anos 1950, Ludwig Binswanger esboçou o fenômeno da seguinte maneira: "aquilo a que se renuncia é a vida como individualidade independente e autônoma. O sujeito se entrega, assim, a poderes existenciais alheios a ele".[26] Nessa abordagem, a esquizofrenia é uma retirada diante do estar-no-mundo, da vida como algo vivido em comunidade, e é experimentada como uma condição em que "a existência desse indivíduo é desgastada, como se por fricção". Para Deleuze e Guattari, o esquizo é "aquele que já não pode suportar 'tudo isto', o dinheiro, a bolsa, [...] valores, morais, pátrias, religiões [...]".[27] Agora, décadas mais tarde, "tudo isto" inclui uma identidade digital obrigatória, senhas, engajamento 24/7 em mídias on-line e monetização de todos os aspectos do trabalho ou da vida. A loucura é agravada por reiteradas declarações emanadas de vozes aparentemente bem-informadas que nos dizem que tudo isto "veio para ficar", que não há outros modos de vida.

Ainda que algumas das fabulações laudatórias a respeito do ciberespaço ainda sejam proferidas por propagandistas, está claro que a internet nunca foi um aparato coletivo capaz de desmantelar instituições hierárquicas, de reconfigurar relações de poder e de permitir que uma pluralidade de vozes antes marginais fosse ouvida e empoderada. Com o abandono dessas ilusões, a ampla aceitação dos arranjos atuais como algo necessário e inevitável decorre tanto da resignação e do cansaço como da impossibilidade de usar o complexo internético de forma não financeirizada e para

26 Ludwig Binswanger, *Being-in-the-World*, trad. Jacob Needleman. New York: Basic Books, 1963, p. 259.

27 Gilles Deleuze e Félix Guattari, *O anti-Édipo* [1972], trad. Luiz B. L. Orlandi. São Paulo: Editora 34, 2011, p. 452.

reafirmar a vida. Nos anos 1990, houve quem defendesse que, em meio às condições precárias de trabalho e de vida no interior da economia global, existia um enorme potencial insurgente latente no âmago das tecnologias de comunicação e informação que estavam ao alcance da mão. Alguns alegavam que o trabalho móvel e outras formas fragmentadas de trabalho poderiam, ao menos em princípio, ser a base para uma "criatividade geral" e até mesmo para uma resistência capaz de perturbar as relações políticas existentes. Essa esperança se apoiava na suposição de que a atividade individual nas redes necessariamente interagia ou convergia com o trabalho de muitos outros usuários. Havia uma expectativa de que as trocas colaborativas e a inventividade partilhada superariam a desconexão, que por tanto tempo fora parte da divisão industrial do trabalho, e teriam potencial para se transformar em novas formas de luta política.

Mas especulações otimistas como essas tinham por base um modelo de ambiente de trabalho e uma noção de "trabalho imaterial" que guardavam pouca semelhança com as reais condições de trabalho que se apresentaram conforme as medidas de austeridade foram se intensificando. Agora, duas décadas depois, a realidade do trabalho de baixa remuneração que se vale da tecnologia digital é aquela das tarefas repetitivas e fisicamente enervantes, sujeitas à administração rigorosa do tempo e à vigilância da produtividade. A perspectiva de "redes colaborativas" ou de trocas on-line "ponto a ponto" que levariam à agência política efetiva deu lugar às disseminadas realidades de isolamento do ambiente laboral, de desespero, e à ameaça de descarte. Para além do empobrecimento e da exaustão, os trabalhadores da economia dos bicos [*gig economy*] têm pouco a compartilhar uns com os outros. Desde a década de 1990, aprofundou-se ainda mais a derrocada da separação entre tempo de trabalho e tempo de não trabalho, entre tempo público e privado, o que tornou a criação de comunidades políticas ou cívicas difícil ou impossível de alcançar. Porções da vida que no passado eram demarcadas como privadas ou pessoais se transformaram em uma corrente interminável de obrigações on-line que operam durante todas as horas de vigília. A declaração espúria de Edward Snowden de que a tecnologia de rede é "a grande niveladora" perpetua uma fantasia hacker elitista de empoderamento na clandestinidade que tem pouca relevância para as vidas da maioria das pessoas ou para a construção de movimentos de massa e de novas comunidades. É evidente que o complexo internético está repleto de contradições sociais, mas uma análise dialética jamais poderá conjurá-lo como lugar ou como conjunto de ferramentas para a luta de classes. Sugerir que a internet é o local em que povos indígenas, imigrantes apátridas, desempregados, depauperados e pessoas encarceradas podem contestar sua própria marginalização e descartabilidade é não só errado como malevolamente irresponsável.

Os proponentes da modernização e do desenvolvimento no século XX eram paladinos vociferantes da "massificação", fosse ela da sociedade, da cultura ou dos negócios. Defensores de formações ou empreitadas sociais menores e de escala humana eram ridicularizados e tachados de nostálgicos ou reacionários. A exaltação do massificado sempre teve relação com a financeirização de grandes estratos demográficos, ainda que a realocação do espaço físico da multidão e da produção para a internet tenha tido novas consequências afetivas. As assimetrias esmagadoras de escala entre o indivíduo e as redes globais desfiguram todas as noções não quantificáveis de importância ou valor. Cada um de nós é diminuído pela veneração das estatísticas – seguidores, cliques, curtidas, toques, visualizações, compartilhamentos, dólares –, que, fabricadas ou não, são investidas constantes contra a confiança em si mesmo. Quando a disponibilidade de imagens e de informações é infinita, há uma dispersão fatal daquilo que poderíamos ter em comum e uma dissolução dos relacionamentos que viabilizam uma sociedade. O fenômeno das tendências ou da viralização é um surto maciço de unanimidade vaga e amorfa, uma adesão irresistível, mas vazia, a alguma efeméride ou a uma pseudoindignação logo esquecida e que não deixa rastros. Esvaziado de intencionalidade, esse acontecimento se torna uma imitação monstruosa e desempoderadora do que seria um pronunciamento coletivo. O filósofo Roberto Mangabeira Unger argumentou que o "apequenamento" é a parte inevitável que cabe aos seres humanos em um mundo social onde a maioria das pessoas sente uma lacuna perpétua entre, de um lado, seus desejos e expectativas e, de outro, a capacidade da sociedade para reconhecê-los ou realizá--los. A dimensão incomensurável da internet, no entanto, se revela uma nova intensificação do "apequenamento" por meio do apagamento humilhante de todo e qualquer gesto individual de autoafirmação. Ao buscar antídotos para o apequenamento, Mangabeira Unger observa que caímos no "sonambulismo da abdicação, da conformidade e do eu petrificado. Nós nos agarramos a dispositivos e estratagemas que nos dividem e escravizam sob pretexto de nos empoderar".[28]

Desde o começo, os segmentos sociais e comerciais da internet ofereceram inúmeras ferramentas para enganar e manipular. Todo um leque de plataformas e aplicativos não só permitiu como também recompensou comportamentos sociopatas. A internet produziu uma classe híbrida de profissionais ambiciosos e de imitadores para quem amizade, cuidado e honestidade são impedimentos à maximização do potencial de enriquecimento dos empreendimentos on-line. Em seu nível mais básico, o "sociopático" denota aquilo que é *antissocial* ou nocivo para a existência de uma sociedade – e a despersonalização de grande parte das interações on-line alimenta o egoísmo e a falta de remorso e de empatia do sociopata. Um dos fatores na normalização do complexo internético foi a promoção de um modelo espacial em que os bilhões de "navegantes de superfície" (pessoas que usam redes sociais, Netflix ou Amazon) estão distanciados da "*deep web*" ou dos "cantos sombrios" da internet. Mas não há separação ou isolamento com relação aos objetivos perniciosos dos agentes mais poderosos do mundo on-line. Uma vez que a comunicação humana se aloja em um sistema personalizado de acordo com as prioridades das corporações globais, das forças armadas, das agências de investigação, do crime organizado, dos traficantes sexuais e de operadores depravados de todos os tipos, deixa de haver prestação de contas para quem quer ou o que quer que seja.

---

28 Roberto Mangabeira Unger, *The Religion of the Future*. Cambridge: Harvard University Press, 2014, p. 26.

Eis aí o livre mercado não regulado quintessencial do capitalismo tardio. O complexo internético é uniforme e invariavelmente "sombrio" porque a máxima niilista do "tudo é permitido" ganhou uma versão mais corrupta segundo a qual "tudo é permitido, desde que possa ser monetizado e disponibilizado sob demanda". A patologia da internet não está no que é transacionado em seus circuitos menos acessíveis, mas na naturalização do modo como nossas necessidades, desejos e afeições são desviados ou apartados do compromisso com o cuidado com um mundo vivido em comum com os outros. É impossível viver com as temporalidades e os valores de um mundo sob demanda, e os apetites por ele estimulados são terminantemente insaciáveis.

Ainda no final do século XX era possível imaginar que as elites globais agissem, até certo ponto, com base em consequências de longo prazo e em seus interesses de classe, mesmo que suas políticas envolvessem crimes contra a humanidade. Em seu livro de 1999 *O relatório Lugano*, Susan George apresenta uma paraficção assustadora sobre financistas e estrategistas corporativos que bolam políticas públicas voltadas a garantir a sobrevivência do capitalismo e a perpetuidade do domínio da classe dos bilionários. O texto de George simulava um documento a ser apresentado em uma cúpula *à la* Davos que identificava tendências e medidas que protegeriam a globalização e a acumulação capitaneadas pelas grandes corporações. O escândalo do tal *Relatório Lugano* está na declaração explícita de que as perspectivas de longo prazo para o capitalismo dependem de uma redução drástica da população mundial (isto é, da morte de alguns bilhões de seres humanos). Sem essa diminuição, conclui o relatório, as consequentes insatisfação social, escassez de recursos e outras instabilidades atingiriam níveis incontroláveis. "Não podemos, ao mesmo tempo, sustentar o capitalismo e continuar a tolerar a presença de bilhões de seres supérfluos."[29] Mas essa não era uma observação malthusiana, já que o relatório detalha as políticas atualmente existentes que viabilizariam esse extermínio em massa. Algumas delas são medidas políticas e financeiras que causam a fome, epidemias, conflitos intraétnicos prolongados e sangrentos, pragas ambientais, programas de esterilização e as muitas consequências mortíferas da produção de "Estados falidos". Desde a publicação do livro, a coalescência de formas reais de violência nele esboçadas levou ao morticínio de mais de 8 milhões de pessoas somente no Congo, enquanto a morte e a ruína naquela e em muitas outras regiões continuam a avançar.

Hoje, no entanto, com a economia global pós-2008 sendo mantida viva com o auxílio de aparelhos, com o aumento de regimes autocráticos corruptos e de Estados-cartel e com uma crise climática que assoma imponderável sobre nós, os cálculos de longo prazo dos interesses poderosos deu lugar a formas mais imediatas de enriquecimento. Eis o capitalismo-cassino à meia-noite, momento em que os vencedores do dia começam a resgatar suas fichas. Como a economia global já não oferece nenhuma perspectiva de longo prazo, uma última farra alucinada de pilhagens está em curso ao redor do planeta. Fraturamento hidráulico,

---

29 Susan George, *O relatório Lugano*, trad. Afonso Teixeira Filho. São Paulo: Boitempo, 2003, p. 78.

mineração de remoção do topo de montanhas, corte raso de florestas tropicais para a agricultura voltada à produção de biodiesel, prospecção de petróleo em águas profundas, espoliação da vida selvagem, tudo avança junto com a devastação e o saque dos recursos sociais e com a expropriação dos fragmentos restantes de bens comuns, sejam eles a água potável, a vida natural ou os parques urbanos. É como uma nova versão do programa de televisão dos anos 1960 *Supermarket Sweep* [Varredura de Supermercado], em que os participantes recebiam um carrinho de compras e um certo limite de tempo para agarrar freneticamente tudo de valor que houvesse dentro da loja.

Como muitos já observaram, as fabulações da "era digital" foram inculcadas com tal sucesso que, apesar de evidências diretas em sentido contrário, ainda há um imaginário generalizado sobre a condição desmaterializada das tecnologias digitais. Realidades materiais e ambientais são convenientemente ocultadas pela miniaturização, pela aparente intangibilidade das redes sem fio, pela desvinculação de dados em relação a locais e por termos como "virtual" e "nuvem". Um dos vários fenômenos que refutam essas ilusões consiste na construção incessante de novos *data centers* e fazendas de servidores dedicados ao aumento maciço na produção de dados. Essas estruturas térreas que se alastram cada vez mais exigem quantidades desconcertantes de energia e geram níveis de calor prejudiciais aos microcircuitos, que devem então ser resfriados com o uso de milhões de litros de água por unidade todos os dias. No atual ritmo de crescimento exponencial de dados, o número necessário de fazendas de servidores daqui a cinquenta anos cobriria amplas áreas da superfície dos Estados Unidos continentais e de outras regiões. As mitologias de uma economia da informação pós-industrial também eclipsam a persistência de modos anteriores de produção no interior da atual corrida por recursos essenciais para os arsenais de alta tecnologia, para as redes de comunicação, para os produtos eletrônicos de consumo, para os sistemas de energia solar e eólica e muito mais. Como tem sido por séculos e séculos, é a violência contra povos e contra suas terras que define essas operações imperiais e neocoloniais. A possibilidade mesma de uma "era digital" exige a expansão dessas práticas industriais destrutivas rumo a extremos de subjugação do planeta.

Nos termos do enquadramento histórico de Lewis Mumford, nosso presente tecnológico é completamente dependente de um paradigma *paleotécnico* de extração de recursos – mais especificamente, das atividades de mineração e prospecção no subsolo terrestre e de despejo de resíduos no solo. Mumford datou o início da era paleotécnica na Europa depois de 1750 e na América do Norte por volta de 1850, e ela continuava a definir uma grande parte do mundo quando o autor escrevia, nos anos 1930. Mumford se interessava igualmente pelas formas institucionais de disciplina e subjugação necessárias para concretizar esses projetos de larga escala. Ele entendia que a arregimentação e o rebaixamento das vidas dos trabalhadores e a degradação industrial do ambiente eram meios relacionados de opressão. Para Mumford, as consequências daquilo que, com razão, denominou "capitalismo carbonífero" incluíam a laceração da experiência sensorial e perceptiva em meio às exigências interconectadas da guerra e da produção industrial. Uma condição de anestesia parcial se tornou necessária para a sobrevivência.

> O estado da sociedade paleotécnica pode ser descrito como um estado de guerra. Seus órgãos típicos, da mina à fábrica, dos altos-fornos aos cortiços, estavam a serviço da morte: competição, luta pela existência, dominação e submissão, extinção. Com a guerra na condição simultânea de estímulo principal e de base subjacente da sociedade, os motivos e reações normais dos seres humanos foram reduzidos ao medo da pobreza, ao medo do desemprego, ao medo da perda do status de classe, ao medo da fome, ao medo da aniquilação [...]. A mina e o campo de batalha lançaram as bases de todas as atividades paleotécnicas, e as práticas que estimularam conduziram a uma exploração generalizada do medo.[30]

Nos anos 1930, Mumford matizava seu pessimismo com a expectativa de que uma nova era tecnológica de esclarecimento suplantasse essas depredações. Entre suas esperanças infundadas, estava a ideia de que a eletrônica, materiais mais leves e as telecomunicações introduziriam uma era neotécnica em que o atendimento de necessidades sociais e ambientais se tornaria prioridade. Mas essa visão esperançosa já havia sido abandonada por Mumford na década de 1960, quando o autor testemunhou o estabelecimento de um "estado de guerra permanente" e o advento de formas mais extremas de danos

---

30 Lewis Mumford, *Technics and Civilization* [1934]. New York: Harcourt, Brace and World, 1962, p. 195.

ambientais. As tecnologias que ele havia imaginado como meios possíveis para a transformação da sociedade haviam sido integradas às operações das corporações multinacionais e das forças armadas. O massacre mecanizado causado pelas forças estadunidenses no Vietnã e no Camboja foi apenas um dos fatores responsáveis pela percepção de Mumford de que "ideais paleotécnicos ainda dominam em grande medida a consciência e a política no mundo ocidental".

Nada resume melhor a persistência sinistra desses ideais que a expansão global da mineração a céu aberto, de magnitude e selvageria sem comparação com as atividades conduzidas durante a assim chamada Revolução Industrial ou ao longo do século XX. No presente, há mais de 500 mil pedreiras e escavações ativas que empregam mais de 45 milhões de pessoas e nas quais são extraídos não só minérios mas também a areia e o cascalho necessários para a construção de novas estradas e megacidades. A mina de Grasberg, na província indonésia de Papua, uma das maiores e mais lucrativas do mundo, é um bom exemplo: a cratera escavada mede cerca de 30 km², e mais de 700 mil toneladas de rejeitos são despejadas nos rios locais a cada semana. Sozinha, emprega 23 mil trabalhadores que ganham menos de dez reais por hora. Desde os anos 1990, vários milhares de rebeldes separatistas papuanos, mineiros grevistas e ambientalistas foram assassinados por seguranças particulares. A maior parte das amplas regiões de planalto e de floresta tropical da área foi contaminada de modo irreversível pelo escoamento de substâncias tóxicas. E tudo isso para atender às demandas de cobre dos fabricantes de eletrônicos, sobretudo para a produção dos componentes-chave do Green New Deal –

painéis solares, turbinas eólicas e veículos elétricos –, mas também dos chips utilizados em supercomputadores e da fiação de casas "inteligentes" movidas pela Internet das Coisas (iot). Fios de cobre ainda são o condutor preferido para a geração e transmissão de energia elétrica em escala industrial e para a maior parte das telecomunicações. A proprietária da mina de Grasberg, a empresa Freeport-McMoRan, administra dezenas de minas similarmente destrutivas ao redor do mundo, como no Peru, no Chile, na Bolívia, na Mauritânia, na África do Sul, na Zâmbia e no Novo México.

As operações de centenas de outras empresas que saqueiam o lítio destinado às baterias veiculares, o neodímio das turbinas eólicas, o coltan dos drones militares, o níquel, o molibdênio e outros elementos necessários para dispositivos e redes digitais ampliam ainda mais essa escala incomensurável de extração sociocida, sobretudo no Sul global. No Peru, uma companhia chinesa se dedica a um processo de décadas que tem como objetivo literalmente desmontar o monte Toromocho, de 4 500 metros de altitude, a fim de recuperar vários bilhões de toneladas de minérios – outro pequeno exemplo da canibalização capitalista do planeta a serviço do prolongamento de uma "era digital" em implosão. Os métodos tóxicos de extração de metais raros causam prejuízos irreparáveis ao solo, à água e aos seres humanos; ainda assim, a maior parte dos donos de *smartphones*, usuários de redes sociais e viciados na Netflix nos Estados Unidos não fazem ideia de onde ficam Papua ou o Peru nem se interessam pela vida dos povos que lá habitam. Os defensores do capitalismo verde e de todo um espectro de coisas "renováveis" oferecem garantias fraudulentas de que, caso fiscalizada, a extração de recursos poderia ocorrer sem a destruição de habitats, ecossistemas e comunidades humanas, mas sabem que isso jamais acontecerá. A história mostrou de forma definitiva que o capitalismo é inconciliável com qualquer tipo de conservação ou preservação. À medida que a energia térmica se difunde pela biosfera em níveis incompatíveis com a manutenção da vida, é importante dizer o óbvio: esses minérios precisam continuar no solo, e a tarefa urgente que se apresenta é a da redução radical da necessidade de energia ilimitada 24/7 e de todos os produtos e serviços desnecessários e descartáveis que rodeiam nossas vidas e envenenam a Terra.

Uma das correntes definidoras do pensamento ocidental consiste na objetificação da natureza e, assim, em nossa separação daquilo de que inerentemente participamos: a infinita criatividade e variabilidade do mundo físico. Carolyn Merchant, Vandana Shiva, Silvia Federici e muitos outros mostraram que o projeto moderno de dominação *contra* a natureza tem início no século XVI.[31] Merchant oferece uma das abordagens mais claras de como pressupostos anímicos e orgânicos a respeito do cosmos foram substituídos por uma visão da natureza "como um sistema de partículas mortas e inertes cujo motor são forças externas, e não inerentes". A autora descreve como novas formas institucionais e jurídicas do patriarcado e da misoginia se desenvolveram a partir da rejeição de uma compreensão acolhedora e vitalista para a natureza e na reestruturação da realidade em torno da metáfora da máquina. Para Philippe Descola, a ideia de uma

---

31 Carolyn Merchant, *The Death of Nature*. New York: Harper and Row, 1980.

separação categórica entre natureza e humanidade ganhou espaço na Europa do início do período moderno e foi reforçada por uma crença em uma "tendência humana universal à superação das limitações e das forças instintivas naturais".[32] Assim, costumes e comportamentos sociais que derivavam de um entrelaçamento entre humanos e animais, insetos, plantas, florestas e rios foram eliminados ou marginalizados. Um mundo da vida cujos ritmos sociais eram originalmente moldados por eventos como a mudança das estações, as fases da lua, a migração dos pássaros, a oscilação do dia e da noite, a alternância entre sono e vigília e a sequência dos festivais deixou, no entanto, vestígios nas atividades aparentemente insignificantes da vida diária. Foram esses ciclos infinitamente variegados que nutriram os compromissos e formas compartilhados de associação nas culturas pré-modernas, mas, já no final do século XIX, sobreviviam apenas fragmentos desse mundo da vida.

Durante o século XX, as reservas de conhecimentos, convicções morais e competências individuais baseados na tradição foram efetivamente anuladas no mundo desenvolvido pelo ataque devastador de forças racionalizantes.[33] Ao mesmo tempo, havia uma aceitação generalizada, fosse celebratória fosse pesarosa, de que um mundo desencantado era consequência inevitável do Iluminismo e do progresso material. Hoje, contudo, é inescapavelmente óbvio que a modernização ocidental e o desencantamento de mundo

32 Philippe Descola, *Beyond Nature and Culture*, trad. Janet Lloyd. Chicago: University of Chicago Press, 2013, p. 72.
33 Cf. a caracterização desse mundo da vida em Jean Cohen e Andrew Arato, *Civil Society and Political Theory*. Cambridge: MIT Press, 1992, pp. 427-28.

que ela trouxe a tiracolo nos deixaram à beira da catástrofe global e da extinção.[34] A grande heresia para as religiões do tecnomodernismo e da ciência ocidental está em afirmar um mundo vivo, animado, em que todas as coisas viventes estão interconectadas e são interdependentes. Um mundo *animado*, como a etimologia da palavra sugere, é um mundo que respira, que reúne tudo que o compõe com a pulsação ritmada de uma alma-mundo.

Em retrospectiva, um atributo fatídico das lutas antissistêmicas dos anos 1960 foi a ausência de um componente ambiental radical nas críticas ao imperialismo, ao colonialismo e ao capitalismo. Houve várias abordagens inovadoras para a urgência da crise ecológica ao longo da década de 1960, mas esses esforços passaram em grande medida despercebidos ou ao largo dos movimentos estudantis em prol da libertação ou contra a guerra.[35] Em 1970, Guy Debord escreveu que a destruição ambiental causada pelo capitalismo era o tema mais urgente relacionado à própria sobrevivência da vida, mas, em geral, leitores e comentadores ignoraram esse elemento importante da obra debordiana. No ensaio "La Planète ma-

---

34 Cf. Silvia Federici, *Reencantando o mundo: feminismo e a política dos comuns*, trad. Coletivo Sycorax: Solo Comum. São Paulo: Elefante, 2022, pp. 272-85.

35 Os muitos textos importantes desse período incluem Murray Bookchin, "Ecology and Revolutionary Thought" [1965], in *Post-Scarcity Anarchism*. Berkeley: Ramparts, 1971; Paul Shepard e Daniel McKinley (orgs.), *The Subversive Science: Essays toward an Ecology of Man*. Boston: Houghton Mifflin, 1969; Lynn White Jr., "The Historical Roots of our Ecological Crisis". *Science*, v. 155, pp. 1 203-07, 1967; Richard A. Falk, *This Endangered Planet*. New York: Random House, 1971; e Barry Commoner, *The Closing Circle: Nature, Man and Technology*. New York: Knopf, 1971.

lade" [O planeta doente], Debord mostrou que as consequências do desenvolvimento capitalista estavam chegando a um ponto fatal e terminal, mas também indicou como esse desastre era reabsorvido em imagens e linguagens que atestavam a capacidade das instituições existentes para solucionar e mitigar a crise.[36] Quando Debord reivindicou as históricas palavras de ordem "Revolução ou Morte", a vida e a morte ali em jogo não eram aquelas de indivíduos ou de movimentos sociais, mas as do planeta inteiro.

Infelizmente, muitos dos que estavam à esquerda no começo da década de 1970 consideraram que voltar a atenção para questões ambientais seria um desvio com relação aos esforços da época contra a guerra e a favor da libertação. O primeiro Dia da Terra, em 22 de abril de 1970, com seu patrocínio institucional duvidoso, tornou-se irrelevante algumas semanas depois, quando estudantes que protestavam foram mortos pela Guarda Nacional dos Estados Unidos e pela polícia nas universidades públicas de Kent e de Jackson. Não que o ceticismo dos ativistas fosse desprovido de justificativas, mas o mais crucial é que a esquerda radical foi incapaz de apreender como a Guerra do Vietnã consistia em uma manifestação do biocídio no âmago do imperialismo ocidental. Foi a perda trágica de uma oportunidade histórica única para a fusão de uma crítica ecossocialista do capitalismo com movimentos de massa já mobilizados. E, mesmo nos anos 1980, quando alguns ex-pensadores de esquerda se metamorfosearam em pós-modernistas e pós-estruturalistas, o desdém condescen-

---

36 Guy Debord, *A Sick Planet* [1971], trad. Donald Nicholson-Smith. London: Seagull, 2009.

dente por todos aqueles que falassem sobre a natureza ou sobre o ambientalismo já estava completamente disseminado. Um marco memorável da desatenção da crítica da época é a declaração irrefletida de Fredric Jameson em 1991, na primeira página de sua celebrada obra: "o pós-modernismo é o que se tem quando o processo de modernização está completo e a natureza se foi para sempre".[37] Colocar em primeiro plano os direitos dos animais, a proteção de povos indígenas e a preservação de florestas tropicais ou de espécies ameaçadas de extinção significaria ser menosprezado como nostálgico ou ingênuo: novas manifestações de poder e de mercadorização estavam por toda parte, dizia-se, e não havia nada além ou "externo" a elas. Os fracassos dessa fase da cultura intelectual transatlântica são evidentes em *Espectros de Marx* (1993), de Jacques Derrida, obra em que o autor lista as "dez calamidades da 'nova ordem mundial'" do neoliberalismo.[38] Essas calamidades incluem o desemprego, o endividamento, a indústria armamentista, as guerras interétnicas, os Estados-fantasma da máfia e dos consórcios de drogas, mas não há sinal da catástrofe ecológica iminente nem da contribuição capitalista para a extinção em massa e o colapso de ecossistemas. Para alguns desconstrucionistas, a crise ambiental não passava de uma confusão retórica: preocupar-se com a "poluição" era deixar-se capturar pela armadilha de um binário que tinha a "pureza" como polo oposto.

37 Fredric Jameson, *Pós-modernismo: a lógica cultural do capitalismo tardio*, trad. Maria Elisa Cevasco. São Paulo: Ática, 1997, p. 13.

38 Jacques Derrida, *Espectros de Marx: o Estado da dívida, o trabalho do luto e a nova Internacional*, trad. Anamaria Skinner. Rio de Janeiro: Relume-Dumará, 1994, pp. 110-15.

A civilização industrial moderna está prestes a incendiar o mundo. A erradicação de formações sociais e comunidades está entrelaçada com a extinção do sistema terrestre vivo de que os bens comuns humanos dependem. Vivemos agora o capitalismo em sua fase terminal de terra arrasada. Em um contexto militar, essa expressão significa a destruição de recursos essenciais à vida, de modo que a população derrotada ou um exército inimigo em marcha sejam privados de seu uso. Em um sentido mais amplo, a terra arrasada significa a redução de uma região próspera a um estado de esterilidade e a perda de sua capacidade de regeneração. Trata-se de uma terra depauperada e privada de água, com seus rios e aquíferos envenenados, seu ar poluído e seus solos afligidos por secas e pela agricultura química. O capitalismo de terra arrasada destrói tudo aquilo que permite que grupos e comunidades busquem modos de subsistência autossuficiente, de autogoverno ou de apoio mútuo. Isso acontece com extrema violência no Sul global, onde a extração, o desmatamento e o despejo de substâncias tóxicas criam lixões inabitáveis e cidades em que os pobres, desesperados, se tornam exilados internos. A manutenção calculada do estado de guerra ou de conflitos entre cartéis do tráfico em níveis de baixa intensidade garante o desaparecimento de qualquer traço que ainda lembrasse uma sociedade civil. Hoje está claro que o capitalismo nunca atingirá a subsunção completa da vida, ainda que isso permaneça nas previsões de algumas pessoas. Apesar disso, esse sistema econômico está se mostrando mais do que capaz de mutilar e exterminar tudo aquilo que dá sustentação à existência.

Etimologicamente, subcorrentes da palavra *scorch* remontam ao francês antigo *escorcher*, que significa escorchar – esfolar ou arrancar a pele de um corpo, expô-lo de maneira fatal.[39] O esfolamento das camadas de proteção que tornam a vida possível acelera mês a mês, como exemplificado pelas queimadas na floresta amazônica, pelo embranquecimento dos corais, pelo estrangulamento dos grandes rios por barragens hidroelétricas e pelas perdas maciças de prados em zonas temperadas. Diretamente relacionado a esse sentido, temos ainda uma acepção de longa data do verbo *scorch*: queimar uma superfície até o ponto em que sua cor e textura tenham sido chamuscados e retorcidos. É este o presente que habitamos: um mundo desolado, praticamente esvaziado de cores, desprovido da singularidade impalpável mas vívida que confere significado a nossas vidas.[40] A cor é a textura não quantificável de nossos amores

39 Referência ao título original deste livro (*Scorched Earth*), traduzido aqui como *Terra arrasada* em função do uso corrente desta expressão tanto no linguajar militar como no popular. Apesar da diferença de significados entre as palavras *scorch* e *arrasar*, os panoramas etimológico e semântico citados pelo autor encontram paralelos entre uma e outra: *arrasar* provém do latim *rāsus* – particípio passado de *rādō*, que também deu origem a *raser*, no francês moderno (raspar, barbear), e a *razor* (navalha, lâmina de barbear), no inglês. *Rāsus* significava "raspado", "ralado", "aplainado", "tosquiado" – ou, ainda, despojado de uma camada externa e deixado exposto naquilo que lhe é mais frágil. [N. T.]

40 Também aqui a origem etimológica de *arrasar* encontra paralelos com os sentidos invocados por Crary, pois *rāsus* deu origem, ainda, a "rastelo", instrumento de agricultura e jardinagem cuja função é revolver a terra (e muitas vezes destruir e homogeneizar o que se encontra em sua superfície), e a "rastro", termo tantas vezes associado aos potenciais destrutivos da pólvora. [N. T.]

e esperanças, da conectividade entre os humanos e deles com a Terra – mas que também é erodida pelo aviltamento e pela homogeneização intermináveis da experiência. Em um mundo saturado de violência e de crueldade banal, a maioria das formas vivas e nascentes de criatividade e de compaixão são indefesas. John Ruskin, para quem a sintonia com as cores do mundo era um imperativo moral, oferece uma evocação pioneira, visionária, da terra arrasada marcada pela selvageria da guerra moderna e pelo terrível custo humano do trabalho fabril. A industrialização e a militarização eram para ele "a morte europeia do século XIX". Por volta de 1860, a imagem de Ruskin para essa morte é a de uma Terra iluminada por um brilho intolerável que não pode ser barrado:

> Fúlgido agora em todo seu horrendo globo, um pálido ossuário – uma bola esparramada que cintila em cinzas humanas, que em seu balanço imperturbável brilha abaixo do Sol, toda ela de um branco ofuscante e perpassada de morte de polo a polo – a morte não só de uma miríade de corpos infelizes, mas a da vontade e da misericórdia e da consciência; não a morte que antes afligia a carne, mas a que dia após dia se fixa sobre o espírito.[41]

Rosa Luxemburgo (que, assim como Ruskin, admirava as pinturas de Turner) oferece um enquadramento histórico mais abrangente para a compreensão do cataclisma do capitalismo. Para ela, esse processo era uma invenção unica-

---

[41] John Ruskin, *Modern Painters*, v. 5. New York: John Wiley, 1879, p. 297.

mente europeia que se originava no século XVI, nos projetos iniciais de colonização. Luxemburgo alça à condição de axioma a afirmação de que "o método inicial do capital é a destruição e o aniquilamento sistemáticos das estruturas sociais não capitalistas, com que tropeça em sua expansão".[42] Em sua abordagem, derivada de Marx, Luxemburgo contrasta a violência dos Estados europeus com os numerosos exemplos anteriores de invasão e de ocupação despótica na Ásia e no Oriente Próximo. Essas conquistas pretéritas até podem ter se lançado de modo brutal ao objetivo da dominação e da exploração, mas, como insiste a autora, "nenhuma delas estava interessada na espoliação completa das forças produtivas dos povos ou na destruição de sua organização social". Apesar da cobrança de tributos e das várias formas de opressão, camponeses e artesãos conseguiram dar continuidade a seus antigos padrões de subsistência, e a "estrutura tradicional" de suas vidas persistiu. Em oposição, as sociedades agrárias pré-modernas são indefesas diante daquilo que Luxemburgo chama memoravelmente de "sopro mortal do capitalismo europeu". Um sopro que produz o desmoronamento completo da estrutura social, de maneira a "romper os laços tradicionais e transformar a sociedade num montão de ruínas disformes".[43] Os desalojados e despossuídos são confrontados com o extermínio, com a escravidão ou com as formas mais vis de trabalho assalariado. Luxemburgo é perspicaz ao observar como a Europa capitalista

42 Rosa Luxemburgo, *A acumulação do capital*, trad. Moniz Bandeira. Rio de Janeiro: Zahar, 1970, p. 319.
43 Id., *A sociedade comunista primitiva e sua dissolução*. São Paulo: Centelha Cultural/Iskra, 2015, p. 156.

foi o primeiro lugar onde "a incerteza da existência social" e a precariedade da vida e do trabalho foram transformadas em meta sistêmica fundamental, e não apenas limitadas à condição de subproduto secundário.

A linguagem usada aqui se assemelha a como, no começo dos anos 1940, Karl Polanyi caracterizou as consequências de um livre mercado desenfreado: caso deixado sem controle, ele "não poderia existir em qualquer tempo sem aniquilar a substância humana e natural da sociedade" e "teria destruído fisicamente o homem e transformado seu ambiente num deserto".[44] Ainda que escrevesse em um momento em que aparentemente reformas e intervenções patrocinadas pelo Estado poderiam conter os piores efeitos dos mercados, Polanyi empreende uma avaliação terrível do mundo da vida que caíra vítima do capitalismo no século XIX: "a destruição da vida familiar, a devastação das cercanias, o desnudamento das florestas, a poluição dos rios, a deterioração dos padrões profissionais, a desorganização dos costumes tradicionais e a degradação geral da existência, inclusive a habitação e as artes, assim como as inumeráveis formas de vida privada e pública que não afetam os lucros".[45] O amplo reavivamento do interesse na obra de Polanyi não surpreende, caso consideremos as atuais crises globais causadas pela expansão de mercados não regulados.

Em seu recente filme *A terra e a sombra*, o diretor colombiano César Augusto Acevedo apresenta uma perspec-

---

44 Karl Polanyi, *A grande transformação: as origens de nossa época*, trad. Fanny Wrabel. Rio de Janeiro: Campus, 1980, p. 23.
45 Ibid., p. 139.

tiva dilacerante das realidades vividas sob a violência do capitalismo. Trata-se de uma visão que parte de uma posição bem delimitada e local, com o contexto global sugerido de forma indireta. O filme se passa na porção ocidental do Valle del Cauca, até pouco tempo uma região de mata densa onde a população afro-colombiana morava em pequenas fazendas e subsistia da agricultura tradicional baseada na rotação de culturas locais. Através da vida de uma única família, Acevedo nos mostra as ruínas desse antigo mundo tradicional em meio ao desmatamento e à investida mortífera das monoculturas de grande escala que se seguiram rapidamente aos acordos iniciais de paz estabelecidos com os grupos rebeldes das Forças Armadas Revolucionárias da Colômbia (Farc) em 2012. A paisagem física do filme é dominada pelas fileiras monótonas de cana-de-açúcar plantadas para conversão em etanol. Uma grande árvore solitária resiste ao lado da pequena casa da família como duro testemunho das exuberantes florestas que foram derrubadas pelas companhias de biocombustíveis. Alfonso, o protagonista, volta para casa após anos de alienação familiar. Seu filho adulto está acamado, adoecido pelos efeitos combinados da inalação da fumaça emanada pela queima rotineira de cana-de-açúcar e do uso constante de herbicidas. Com a perda da propriedade familiar, a nora de Alfonso trabalha nos campos por diária ao lado de outros agricultores despossuídos, que com frequência não recebem seus salários. Alfonso tenta se aproximar do neto com imitações dos trinados de pássaros que aprendeu durante a infância, mas nenhuma ave responde a esses esforços nem sequer é avistada. O solo, envenenado, não é mais um habitat para uma vida que floresça. Com calma lucidez, o filme de Acevedo traça paralelos entre o ambiente físico despojado e a precariedade da existência social que Rosa Luxemburgo descrevera. O que está em primeiro plano em *A terra e a sombra* são os indivíduos feridos, espoliados da capacidade de prosperar e de cuidar uns dos outros.

Terra arrasada significa o sufocamento da esperança, o cancelamento da possibilidade de restauração ou cura do mundo. Essa destruição da crença na renovação é perpetuada mediante a captura e o desempoderamento dos jovens. O assédio à juventude, que começa cada vez mais cedo, na infância, é uma continuação do contra-ataque neoconservador às rebeliões dos anos 1960 e à contracultura política daqueles anos como um todo. Desde meados da década de 1990, o complexo internético tem se mostrado um meio de longo alcance não apenas para neutralizar as energias insurgentes da juventude mas também para impedir que os jovens vivenciem e conheçam a si mesmos. Para prevenir todo e qualquer desenvolvimento que se assemelhe aos movimentos de jovens dos anos 1960, foi essencial negar à juventude espaços e tempos necessários até mesmo para formas limitadas de autonomia e de autoconsciência coletiva. Nas duas últimas décadas, os jovens foram desviados da agência política e se tornaram o setor com relação ao qual as demandas por conformidade tecnológica e consumo se mostraram mais implacáveis. Dignos de nota são os esforços incessantes para cultivar hábitos e comportamentos previsíveis que durem a vida toda. Milhões e milhões de dólares são gastos com pesquisas sobre "as fundações neuronais da formação de preferências". Segmentos geracionais (*millennials*, geração Z etc.) são inventados por uma pseudossociologia para definir as tarefas consumistas homogêneas pretensamente postas como um destino em massa inescapável. Contudo, em amplas áreas de empobrecimento no Sul global e além dele, os jovens são submetidos a formas diferentes e ainda mais impiedosas de privação, originadas na austeridade, no endividamento, na fome e no terrorismo de Estado.

O que está em jogo não é uma aceleração programada da entrada na vida adulta, mas, antes, uma absorção da maior parte do tempo de vigília por computadores em salas de aula, redes sociais em celulares, videogames e outros fluxos [*streams*] de conteúdos. Decerto tem havido longas discussões e debates sobre jovens e tecnologia, mas o que raramente se ressalta é que essas pessoas estão tendo suas juventudes roubadas. Nega-se aos jovens a possibilidade da descoberta arrebatadora da singularidade de cada indivíduo e dos primeiros sinais do amor-próprio como base para a iniciação no mundo por meio de amizades, da sexualidade e da criatividade. Hoje, o vulnerável mundo sensorial das crianças e dos adolescentes que habitam o complexo internético se apresenta esmagadoramente como um ambiente de estimulação viciante e de homogeneidade eletroluminescente. Quase todos estão condenados a escolas disfuncionais e em processo de deterioração que são cada vez mais inspiradas em prisões.[46] Mais frequentes do que nunca, tiroteios em escolas se tornam um fardo adicional de ansiedade, medo e abandono. Os jovens são levados a considerar seus próprios

---

46 Cf. Henry A. Giroux, *Against the Terror of Neoliberalism*. Boulder: Paradigm, 2008, pp. 91-97.

pensamentos enfadonhos ou desprovidos de valor, e as plataformas corporativas os treinam para trocar entre si ou para exibir os atributos mais superficiais de suas individualidades. A espontaneidade desaparece em meio a imagens incessantes de violência, de uma pornografia apática, de crueldade e de zombaria. Apesar de sua mercadorização global, a música permanece como um dos poucos espaços em que os jovens conseguem forjar "um mínimo de Territórios existenciais".[47] Mas, de modo geral, há uma produção de sujeitos aos quais é negada a capacidade de construir um reservatório de memórias e experiências. O ajuste contínuo às modas e aos significantes em constante mutação das redes sociais lembra o alerta de Hannah Arendt no sentido de que "os clichês, os lugares-comuns, a adesão a códigos convencionais e padronizados de expressão e conduta têm a função socialmente reconhecida de nos proteger contra a realidade, isto é, contra a solicitação da atenção de nosso pensamento".[48]

Os jovens são barrados da experiência sensorial do deslumbramento – descrita pelo filósofo Hans Jonas como "ver o mundo pela primeira vez e com olhos novos" –, que possibilita o nascimento da consciência e da empatia.[49] Hoje, o deslumbramento é entorpecido ou deslocado por tudo aquilo que é divulgado como tecnologicamente "incrível".

---

47 F. Guattari, *As três ecologias*, trad. Maria Cristina F. Bittencourt. Campinas: Papirus, 1990, p. 14.

48 Hannah Arendt, *Responsabilidade e julgamento*, trad. Rosaura Eichenberg. São Paulo: Companhia das Letras, 2004, p. 227.

49 Hans Jonas, *O princípio da responsabilidade: ensaio de uma ética para a civilização tecnológica*, trad. Marijane Lisboa. Rio de Janeiro: Contraponto/Ed. PUC-Rio, 2006, pp. 58-59.

A vida on-line gera demandas que são administráveis no interior de um isolamento autossuficiente e regula aquilo que é admissível sonhar. É apenas quando desejos e esperanças se agarram à vida em um mundo físico compartilhado – por mais avariado que esteja – que uma pessoa amadurece a capacidade de recusa e pode sentir hostilidade perante os poderes e as instituições que agridem e sufocam essas esperanças. Há uma cena no filme de 1963 *The Cool World* [O mundo bacana], de Shirley Clarke, envolvendo uma prostituta adolescente, LuAnne, que vive uma existência degradada de serviços prestados aos membros de uma gangue do Harlem. Em um final de semana de inverno, LuAnne vai com Duke, líder da gangue e também seu cafetão, visitar uma Coney Island deserta, onde vê o oceano pela primeira vez. O encontro inesperado com o panorama frio e cinzento de um céu e de um mar infinitos simplesmente disparam um flash momentâneo e incipiente de autoconsciência que a fortalece de tal forma que, ao ser deixada sozinha por um momento, LuAnne desaparece.

Um dos elementos centrais da política da Nova Esquerda nos anos 1960 foi a suposição de que, independentemente de sua relação com o trabalho ou com a produção, os jovens eram oprimidos e alienados pelos valores e exigências da sociedade capitalista do século XX. Uma crença amplamente compartilhada de que os jovens eram especialmente resistentes à integração tecnocrática e institucional encontrou expressão nos escritos de Paul Goodman, Theodore Roszak, Raoul Vaneigem e muitos outros. É claro que "a juventude" vem sendo moldada de várias maneiras ao longo da história, mas um atributo relativamente constante tem sido a ideia de uma fase transicional e de liminaridade, formatada por práticas rituais ou culturais destinadas a acomodar a assimilação ao mundo adulto. Em meados do século XX, contudo, vários mecanismos e estímulos de integração haviam perdido a eficácia em grande parte do Ocidente, o que permitiu novas aberturas para a experimentação e para a exploração de caminhos alternativos e rebeliões. Mesmo que décadas tenham passado desde então, a persistente zombaria e caricatura que a mídia corporativa faz da contracultura dos anos 1960 mal consegue esconder a turbulência continuada que se manifesta mesmo nas recusas parciais, vindas de um número tão expressivo de pessoas, a proibições e ordens. A meta, agora, consiste em desautorizar à juventude o acesso até mesmo às circunstâncias em que seja possível imaginar e construir um futuro que pertença a ela. No lugar disso, há uma quantia infinita de notícias sobre jovens que fazem usos "criativos" e "disruptivos" de ferramentas e plataformas digitais. A prioridade é sabotar a possibilidade de uma juventude potencialmente rebelde e, a fim de ocultar um futuro sem empregos e sem planeta, aposta-se na ficção tétrica de uma geração que aspira a virar *"influencer"*, fundadora de startups, ou que de algum modo se alinha com os valores embotados do empreendedorismo.

Mas os jovens não são os únicos a serem espoliados de tempos e espaços para conexões inter-humanas. A neutralização de formas não financeirizáveis de interação social lesiona as capacidades comunicativas de todos os seres humanos. Esse processo é alcançado não apenas com as mentiras e a desinformação implacáveis que há tanto tempo fazem parte da conduta de Estados e de instituições poderosas. Mais

69

importantes, hoje, são os efeitos enlouquecedores do turbilhão de incoerência debilitante em que estamos permanentemente imersos. A internet é o equivalente digital da ilha de lixo que se expande rapidamente no Oceano Pacífico. Em seu interior, o acúmulo de detritos das redes globais assoreia todas as vias capazes de ensejar trocas vivas entre indivíduos ou comunidades. A imensa e interminável aglomeração de dados, seja na forma de imagens seja na de linguagem, produz uma cacofonia e uma desorientação entorpecedoras que reduzem a capacidade de pensamento e suplantam a possibilidade de diálogo. Todos os dias, para milhões de pessoas, a principal interação com o outro é uma menção, que logo será esquecida, a alguma partícula que flutua sobre o atoleiro on-line. Uma das conquistas mais proeminentes da assim chamada economia do conhecimento é a produção em massa da ignorância, da estupidez e do ódio.

O filósofo Jürgen Habermas discutiu extensivamente sobre o modo como a linguagem, como meio de entendimento mútuo, é não apenas um componente importante do mundo da vida mas parte constitutiva dele. Boa parte da obra de Habermas analisou os processos pelos quais o mundo da vida foi submetido às forças instrumentalizantes da economia, da mídia e da tecnociência capitalistas. Apesar disso, mesmo diante daquilo a que chamou "colonização do mundo da vida", Habermas ainda tinha esperanças de que novas formas dos meios de comunicação poderiam ajudar a sustentar esferas públicas em que a comunicação baseada no consenso ocorreria entre "atores capazes de responder por seus atos". Ao escrever por volta de 1980, Habermas ressalvava o otimismo quanto a uma modernidade esclarecida lastreada no "agir comunicativo" com a observação de que o mundo da vida se extinguiria de uma vez por todas caso a comunicação fosse subjugada por formas coordenadas e constantes de falseamento e distorção.[50] Agora, quarenta anos depois, um resultado que Habermas considerava improvável está perto de se concretizar, e nossa práxis diária está sendo constantemente sabotada por uma ininteligibilidade e uma duplicidade programadas.

Desde os anos 1970, vários teóricos, em especial Henri Lefebvre, mostraram como o capital transforma ambientes sociais familiares em "espaço abstrato", ou seja, em meios compatíveis com as formas de troca e circulação de que os mercados globais dependem. Para Lefebvre, isso significa a redução do mundo "a um 'plano' que existe no vazio e que não é dotado de nenhuma outra qualidade". Trata-se de sua transformação em *tabula rasa*, esvaziada de tudo aquilo que é único ou que resiste à troca. Lefebvre esclarece que o espaço abstrato não é literalmente homogêneo; em vez disso, "ele simplesmente tem a homogeneidade como fim".[51] Nessa abordagem de tais tendências fundamentais do capital, alguns confundiram o "abstrato" com uma ordem ou regularidade tecnologicamente gerada. Hoje, décadas mais tarde, temos uma vista melhor para as realidades de terra arrasada da *tabula rasa* rumo à qual nos dirigimos: um planeta devastado e saqueado, com

---

50 Jürgen Habermas, *Teoria do agir comunicativo, v. 2: Sobre a crítica da razão funcionalista* [1981], trad. Flávio Beno Siebeneichler. São Paulo: WMF Martins Fontes, 2012, pp. 702-04.

51 Henri Lefebvre, *The Production of Space* [1974], trad. Donald Nicholson-Smith. Oxford: Blackwell, 1991, p. 287.

mais regiões tornadas inabitáveis e sem possibilidade de reparação. O teórico político Andreas Malm complementou o modelo de Lefebvre de formas cruciais. Malm mostrou que, apesar de todos os atributos demonstravelmente abstratos que permitem a mobilidade desembaraçada do capital, o espaço abstrato ainda depende intrinsecamente de recursos terrestres, sobretudo de combustíveis fósseis. A mobilidade do capital é garantida, de modo paradoxal, pelo estrato *imobilizado* de energia concentrada. "A liberdade ampliada de localizar e transportar, de refinar e produzir, de organizar e despachar, de importar e exportar é assegurada por minas, poços e depósitos de gás natural: grandes concentrados de tecnomassa inseparáveis do solo sobre o qual nos encontramos."[52] Igualmente importantes são as formas maciças e abrangentes de violência necessárias tanto para a imposição desse espaço abstrato como para a captura e o controle das reservas terrestres de energia. Nesse sentido, para assegurar um território rico em recursos, o capitalismo depende da eliminação de tudo aquilo que possa impedir ou obstruir os fluxos físicos ou imateriais intrínsecos à acumulação de capital através da demolição, do corte raso de florestas, da remoção do topo de montanhas, da mineração, do fraturamento hidráulico e do assassinato de populações civis.

Bem antes do capitalismo, a conquista romana levou a tiracolo a instalação de planos abstratos para a construção de acampamentos e cidades. Esses traçados geométricos eram extensões físicas e cognitivas do núcleo romano em direção à

---

52 Andreas Malm, *Fossil Capital: The Rise of Steam Power and the Roots of Global Warming*. London: Verso, 2016, pp. 301-02.

periferia do império e funcionavam como modelos reprodutíveis do controle imperial. Robert Pogue Harrison discutiu como as grandes florestas temperadas do norte da Europa eram tanto um obstáculo físico à expansão romana quanto um fenômeno que perturbava o domínio perceptivo e espacial.[53] Os vastos bosques confundiam os observadores que estivessem em busca de certezas e regularidades visuais para o mapeamento e a domesticação das regiões conquistadas. No lugar disso, com seus caprichos de luz, sombra, distâncias incertas e abundância impenetrável de matéria viva, a floresta era um ambiente que somente poderia ser dominado mediante sua eliminação. Muitos séculos depois, e também movidas por ambições imperiais, as forças armadas estadunidenses foram confrontadas com a impenetrabilidade da floresta vietnamita e com os esconderijos que ela proporcionava aos insurgentes. O uso horrendo de desfolhantes e herbicidas, entre os quais o agente laranja, continuou por mais de dez anos como forma de criar a visibilidade necessária para ataques aéreos mas também como estratégia genocida que destruía plantações, privando a população de alimentos.

O evento com maiores consequências na história recente a engendrar um espaço abstrato provisório foi a Segunda Guerra Mundial. Dada a obstrução de longa data imposta por mitos ideológicos e fabricações históricas, é importante que compreendamos como, para os vitoriosos, essa guerra foi uma operação de modernização efetuada mediante uma devastação sem precedentes. Para o capitalismo global, o

---

53 Robert Pogue Harrison, *Forests: The Shadow of Civilization*. Chicago: University of Chicago Press, 1992, pp. 51-52.

que se alcançou foi a dissolução essencial de formas obsoletas de fronteiras, linguagens, soberania, finanças e de tudo mais que resguardasse o planeta contra a dominação por megacartéis e por um estado de guerra permanente. Essa foi a varredura final dos cacos residuais de uma Europa pré-moderna. A selvageria da destruição de Hiroshima e Nagasaki e dos bombardeios de Dresden, Hamburgo e Tóquio, atos militares desnecessários, foi uma demonstração da irrelevância e da descartabilidade de um mundo da vida e de seus habitantes, segundo os imperativos que viriam a moldar a *Pax Americana* do pós-guerra.

Como muitos já mostraram, a guerra e seu rescaldo deram à luz o Estado de Segurança Nacional, incitado pelo nexo que então emergia entre as indústrias química, aeroespacial e de microeletrônicos. O afamado computador ENIAC [Computador e Integrador Numérico Eletrônico] foi concluído em 1946 e imediatamente utilizado pelas forças armadas dos Estados Unidos para calcular e prever as trajetórias da artilharia e de foguetes; naquele mesmo ano, também teve um papel decisivo no desenvolvimento da primeira bomba de hidrogênio. Mesmo nos primeiros anos após o término da guerra, algumas pessoas pretenderam usar as armas atômicas para garantir a permanência inconteste da nova ordem. Um dos matemáticos mais celebrados do século XX, John von Neumann, defendeu (sem sucesso) um ataque nuclear preventivo em massa a todas as principais cidades e centros industriais da União Soviética.[54] Cartéis da indústria

---

54 Steven J. Heims, *John von Neumann and Norbert Wiener: From Mathematics to the Technologies of Life and Death*. Cambridge: MIT Press, 1980, p. 247.

química deram início à industrialização da agricultura com pesticidas e herbicidas lado a lado com o desenvolvimento continuado de armas químicas para uso contra populações civis. A vida, fosse a do corpo, dos ritmos ecológicos ou da resiliência social, passou a ser objeto não só de controle e de exploração mas também de potencial extermínio.

Continua bastante revelador o fato, ainda que desconsiderado e trivializado, de que o complexo internético é em parte um produto de instituições da Guerra Fria, cujos cientistas e tecnocratas tinham como rotina traçar planos de aniquilação em massa. Como é bem conhecido, a Arpanet [Rede da Agência de Pesquisas em Projetos Avançados] foi projetada nos anos 1960 como um comando e uma rede de controle "distribuídos" e pensados para sobreviver a um ataque nuclear total. Mesmo que boa parte da rede fosse destruída – junto com a maioria da vida no planeta –, suas estruturas continuariam operacionais graças a uma redundância inerente de rotas e à ausência de comutadores centralizados. A meta era "manter um controle das forças nucleares estadunidenses passível de sobreviver", de modo que a rede manteria sua capacidade retaliatória de lançamento dos mísseis que pudessem ter permanecido intactos. Assim, o que está em discussão é um sistema cuja funcionalidade, além de estar divorciada de todo e qualquer contexto humano, é expressamente projetada para circunstâncias em que a sociedade e seus membros já não existiriam de forma significativa. Apesar da metade de século que se passou desde a implementação da Arpanet, e apesar de todos os aparatos anexos, é impossível exorcizar o terror da realocação em massa da vida social para uma arquitetura de rede originalmente concebida para a abstração final do espaço, para a *tabula rasa* definitiva. O desenraizamento e o arrebanhamento de populações ao redor do globo e seu alojamento na internet confirmam a insistência de Paul Virilio, que soava hiperbólica nos anos 1980, na afirmação de que aquilo que costumava ser a população civil agora é o alvo permanente de uma nova logística de guerra, adaptada para as velocidades das redes de dados. Essa ideia era parte do argumento mais amplo de Virilio no sentido de que uma máquina de guerra em constante expansão não pode coexistir com a sociedade civil e de que uma das fundações da agenda militar é um "não desenvolvimento da sociedade".[55]

Em 1943, em texto escrito alguns meses antes de sua morte, a filósofa Simone Weil identificou uma crise espiritual de "desenraizamento" como uma das consequências mais nocivas da guerra mundial e da predominância de uma economia monetária. A abordagem de Weil não tem nada em comum com conclamações reacionárias por nação e solo; para ela, estar desenraizado significava ter negada "a participação real, ativa e natural na existência de uma comunidade".[56] Weil enfatizava que é possível permanecer geograficamente estacionário e, ao mesmo tempo, ser arrancado de uma conexão compartilhada com o passado ou com expectativas mutuamente alimentadas quanto ao futuro. Independentemente do ambiente, fosse ele urbano ou rural,

---

55 Paul Virilio e Sylvère Lotringer, *Guerra pura: a militarização do cotidiano*, trad. Elza Miné e Laymert Garcia dos Santos. São Paulo: Brasiliense, 1984, p. 58.

56 Simone Weil, *O enraizamento*, trad. Maria Leonor Loureiro. Bauru: Edusc, 2001, p. 43.

Weil discutiu a necessidade de fixação de múltiplas raízes – raízes que engajassem o indivíduo, na prática, por meio do trabalho e, moralmente, por meio da atenção voltada ao outro. Em nosso momento atual, todas as novas formas de desenraizamento digital sustentam a ilusão de autonomia, enquanto anseios vagos por conexões emocionais duradouras são frustrados pela transitoriedade e homogeneidade das interações on-line. Esse processo inevitavelmente reforça nossa indiferença ignorante ao desmantelamento do mundo da vida que nos rodeia. Ficamos cegos ao acúmulo de um tipo diferente de desenraizamentos, impiedosos e assustadores, que estão em curso para despedaçar nossa tecnocomplacência. A fome, a seca e a guerra continuam a expulsar milhões de suas casas e de comunidades que cessaram de ser funcionais, deixando para trás terrenos ou regiões inteiras despojados da capacidade de abrigar a vida. Ao assumirmos a parte que nos cabe do "tornar-se digital" de todas as coisas, ficamos à deriva da alucinação de que, de algum modo, tudo isso continuará como está. Apesar de nossas esperanças e intenções, perpetuamos de modo irrefletido o desastre do presente global e condenamos a nós mesmos a herdar a *tabula rasa* definitiva do capitalismo de terra arrasada.

As verdades tecnológicas já alcançadas somente serão viáveis sob as relações sociais do comunismo.
KARL MARX

Com notícias diárias sobre a perda maciça de gelo no Oceano Ártico, o derretimento das geleiras na Groenlândia e na Antártica e os incêndios nos solos de permafrost siberianos, a análise de um atributo mais insignificante do desaparecimento da criosfera terrestre pode parecer irrelevante. Localizada nos limites do Parque Nacional Yosemite, nas montanhas da Serra Nevada, na Califórnia, está a geleira Lyell – ou o pouco que resta dela. Por muitos anos, essa foi uma das mais visitadas das várias centenas de geleiras que já existiram nos 48 estados contíguos dos Estados Unidos, mas, em 2010, a geleira Lyell foi declarada efetivamente morta. Hoje, ela consiste em retalhos espalhados e cada vez menores de gelo escurecido pela fuligem atmosférica. Nela encontramos não apenas os escombros de uma geleira, mas as ruínas de suposições outrora influentes, e até mesmo indiscutíveis, sobre o tempo, sobre a permanência ou sobre aquilo que "está aqui para ficar".

A geleira recebeu seu nome euro-estadunidense nos anos 1850, na sequência da expropriação violenta do vale Yosemite das mãos de seus habitantes indígenas. Para as elites ilustradas, fosse na Europa ou na América do Norte, a conjunção das palavras "Lyell" e "geleira" era uma combinação harmoniosa. Em meados do século XIX, o geólogo escocês Charles Lyell era

CAPÍTULO DOIS

amplamente conhecido pela afirmação de que mudanças geológicas significativas só ocorriam ao longo de intervalos de tempo imensos. Transformações tremendas da Terra haviam, sim, acontecido, mas de forma lenta e imperceptível, por meio de processos de erosão e de sedimentação bem mais demorados que o breve intervalo da história documentada. Uma das ilustrações do "gradualismo" de Lyell eram as geleiras, que, apesar de seu movimento lento e imperceptível, do ponto de vista humano aparentavam ser presenças eternas. Lyell estava ciente da ocorrência periódica de eventos violentos e anômalos, como erupções vulcânicas e terremotos, mas acreditava que esses fenômenos causavam pouco impacto sobre os processos de longo prazo.

Na década de 1790, a obra de James Hutton havia introduzido a influente noção de "tempo profundo", que propunha uma escala temporal da história da Terra tão vasta a ponto de ser sublimemente incomensurável com a experiência humana. Em um desenvolvimento do trabalho de Hutton, Lyell dramatizou a partir de nossa perspectiva a inconcebível vagarosidade com que o estado da Terra é modificado, muito embora insistisse que a Terra nunca deixara de ser "o palco da mudança reiterada, de lentas, mas infindáveis flutuações".[1] Vinha à tona um referencial intelectual e cultural que posicionava o ambiente terrestre como passivo e impenetrável à intervenção humana. Nas palavras de Lyell, "a força agregada exercida pelo homem é verdadeiramente insignificante", e a natureza "não é mais um agente significativo do ponto de vista da história humana e da ciên-

---

1 Charles Lyell, *Principles of Geology* [1833]. New York: Penguin, 1997.

cia social".[2] Como em uma pintura de paisagem, a modernização econômica exigia que a Terra e suas estruturas fossem distanciadas e objetificadas a fim de serem contempladas e estudadas; ao mesmo tempo, suas reservas aparentemente infinitas de recursos deveriam permanecer diretamente acessíveis à exploração e à aquisição de riqueza. É verdade que Lyell especulou que a atmosfera da Terra poderia esquentar no decurso de dezenas de milhares de anos adiante, mas acontecimentos recentes, como o desaparecimento de gigantescos mantos de gelo polar no tempo de uma vida humana, teriam sido inimagináveis para ele.

Agora, com revisões que mostram taxas de aquecimento global cada vez mais acentuadas, fica difícil presumir que alguma coisa possa "estar aqui para ficar", salvo os resíduos radioativos, os microplásticos e os produtos químicos "eternos". Vivemos em meio ao acúmulo das consequências da crença de que as ações humanas são independentes do mundo de que somos parte. Mas, enquanto continuarmos a conceber a tarefa que temos pela frente como a interrupção de uma catástrofe planetária *iminente*, não seremos capazes de entender que, como disseram Walter Benjamin e muitos outros, a verdadeira catástrofe está na perpetuação da forma como as coisas são e têm sido, na continuidade de todos os modos de violência imperial, injustiça econômica, terror racial e sexual e devastação ecológica. No atual momento, o gradualismo da práxis política já não é uma opção, as continuidades e os hábitos do presente devem ser deses-

---

2 John Bellamy Foster, Brett Clark e Richard York, *The Ecological Rift: Capitalism's War on the Earth*. New York: Monthly Review Press, 2010, p. 37.

tabilizados. Nesta encruzilhada histórica inédita, a evocação da catástrofe é cada vez mais instrumentalizada como arma do poder corporativo e militar e de seus porta-vozes tecnomodernistas. Com frequência, as autoridades que insistem na permanência das instituições globais e nas redes 24/7 da era digital são também aquelas que retratam o aquecimento global como uma crise tão enorme que a única solução possível seria uma empreitada de geoengenharia de captura de carbono cuja concretização exigiria esforços em escala muito maior que a do projeto Manhattan. Juntas, essas mensagens contraditórias formam um duplo-vínculo que gera paralisia e fatalismo. Em ambos os cenários (de um lado, um presente perpétuo de trabalho mal remunerado, sucessivos novos aparelhos a serem comprados e séries a serem maratonadas; de outro, a administração militar/corporativa do desastre planetário), o futuro é apresentado como a manutenção das relações de poder existentes – projeções diante das quais formas igualitárias de pós-capitalismo ou ecossocialismo estão excluídas.

Apesar dessa postura, hoje há bem menos representações grandiosas do capitalismo como algo indestrutível, como um sistema vampírico que é periodicamente exterminado só para, na sequência, ressurgir sob um novo disfarce. O clichê da renovação perpétua do capitalismo está, em si mesmo, esgotado. Com alguma sorte, ainda podemos ouvir a última das máximas outrora incessantemente repetidas por pós-modernistas acadêmicos e outros – aquela segundo a qual é mais fácil imaginar o fim do mundo que o fim do capitalismo. Durante os anos de ouro desse sentimento, havia milhões de pessoas no Sul global e em outras regiões do planeta cujas imaginações políticas não estavam tão profundamente paralisadas. Diversas análises realizadas no rescaldo da crise de 2008 defendem que a partida já está próxima do fim: o capitalismo, que não tem mais cartas para jogar, convive com a erosão inexorável da produção de valor. O finado Robert Kurz, por exemplo, sustentava que a tão alardeada transição para uma economia da informação sob a liderança da indústria de serviços, que teria começado nos anos 1970, jamais chegou perto de alcançar suas próprias representações hiperbólicas e fracassou em inaugurar uma nova fase de acumulação.[3] Para Kurz, o colapso de 2008 seria inseparável do domínio exercido pela microeletrônica e pela computação sobre a economia global. O capitalismo, mostrou Kurz, foi ferido de morte quando o trabalho e o tempo de trabalho deixaram de ser a principal fonte e a principal medida da riqueza. Como um de seus entrevistadores sintetizou: "aqui começa o extermínio da galinha de ovos de ouro do capitalismo: o trabalho".[4] O capitalismo se aproxima de seu esgotamento quando a produtividade humana é não apenas potencializada pela tecnologia, mas *substituída* por ela.

Para Wolfgang Streeck, o capitalismo está em um estágio avançado de desintegração e acabará por se despedaçar "sob o peso dos desastres diários produzidos por uma ordem

---

3   Cf., por exemplo, Robert Kurz, *The Substance of Capital*, trad. Robin Halpin. London: Chronos, 2016; Ernst Lohoff e Norbert Trenkle, *La Grande Dévalorisation*, trad. Paul Braun, Gérard Briche e Vincent Roulet. Paris: Post-éditions, 2014.

4   Robert Kurz, *World Crisis: Robert Kurz's Annotated Interview*, org. Charles Xavier. New Charleston: Create Space, 2017.

social em profundo e anômico desalinho".[5] Streeck enxerga uma condição terminal de desordem entrópica em que a sociedade deixa de estar amparada por instituições estáveis aptas "a proteger indivíduos de todo tipo de acidentes e monstruosidades". Outros autores enfatizam que os limites externos são os marcos do colapso inevitável. Muitos anos atrás, David Graeber observou que,

> como motor de expansão e acumulação infinitas, o capitalismo não pode, por definição, seguir adiante em um mundo finito. Agora que a Índia e a China entraram com tudo no jogo, parece razoável presumir que, dentro de no máximo quarenta anos, o sistema atingirá seus limites físicos. Independentemente do que nos restar quando isso acontecer, não será um sistema de expansão infinita. Não será capitalismo; será outra coisa. Apesar disso, não há garantias de que essa outra coisa será melhor. Talvez seja consideravelmente pior.[6]

Conforme a impossibilidade de crescimento e acumulação contínuos fica mais óbvia a cada mês que passa, muitos dos imaginários de "progresso" que acompanharam as várias metamorfoses do capitalismo têm esvanecido. Por quase duzentos anos, essas ideias deram sustentação a expectativas delirantes de que desenvolvimentos materiais e científicos caminhavam para uma prosperidade futura

---

5 Wolfgang Streeck, *How Will Capitalism End?*. London: Verso, 2016, p. 58.
6 David Graeber, "Reply to Žižek". *London Review of Books*, v. 29, n. 22, nov. 2007, p. 7.

compartilhada por todos.[7] Agora, um dos marcos do capitalismo terminal é a ausência de toda e qualquer promessa substantiva ou crível de um futuro melhor. Algumas pessoas defendem que, a partir dos anos 1990, um novo tipo de consciência histórica, frequentemente intitulado "presentismo", começou a tomar o lugar dos vários "futurismos" dos últimos dois séculos.[8] Elementos de presentismo incluem todas as inovações tecnológicas que foram projetadas para abolir o tempo ou para funcionar em "tempo real", que privilegiam o "agora" e nutrem a ilusão de instantaneidade e de disponibilidade imediata. Que todo serviço ou produto deva ser acessível sob demanda supõe uma realidade desancorada das limitações espaciais, materiais e temporais. Um atributo relacionado está no uso da computação para análise, previsão e simulação de riscos em busca da identificação dos múltiplos resultados possíveis e da minimização da incerteza – em certo sentido, a fim de ocupar e neutralizar o futuro antes que ele ocorra.

Para os poderes dominantes globais, o único horizonte de expectativas tolerável é aquele que confirma e expande os imperativos do presente, nos quais o inesperado e o imprevisível foram minimizados ou eliminados. Mas é possível afirmar que o "presentismo" não traz nada de novo, e na verdade pode ser afiliado às muitas formas pelas quais o capitalismo moldou a experiência da temporalidade. O sociólogo franco-húngaro Joseph Gabel descreveu nos anos 1960

---

7 Georges Sorel, *The Illusions of Progress* [1908], trad. John Stanley. Berkeley: University of California Press, 1969.

8 Cf. François Hartog, *Regimes de historicidade: presentismo e experiências do tempo*, trad. Andréa Menezes et al. Belo Horizonte: Autêntica, 2013.

como o capitalismo depende da negação do tempo histórico e da postulação do "progresso" como uma sucessão quantitativa de momentos presentes que mantém os arranjos sociais e econômicos existentes. "O sistema escolhido é considerado perfeito e extratemporal" e, assim, imune à transformação radical ou qualitativa. Em uma sociedade reificada e tecnocrática, escreveu Gabel, "a história nunca pode ser entendida como a expressão da criatividade e da espontaneidade. Como consequência, o fato inegável da mudança se impõe a essa consciência da imediaticidade como catástrofe".[9]

Parte de nossa crise atual está na aceitação indiferente da agora banalizada ideia de que nosso futuro está sendo inventado por um pequeno número de corporações poderosas. Na prática, decisões sobre quais linhas de produtos manterão lucros e crescimento transformaram essas companhias nos futurologistas oficiais de nossa época, nos órgãos reguladores de nossas expectativas. De acordo com o dicionário *Webster*, os primeiros usos das palavras *futurology* [futurologia] e *futurologist* [futurólogo] ocorreram em 1946. Não é coincidência que essa especialização tenha entrado em cena ao final da guerra, em meio a um mundo despedaçado que viria a ser supervisionado e moldado pela superioridade militar e econômica dos Estados Unidos. A fim de impedir ou anular o surgimento de esperanças por um futuro de desarmamento e cooperação internacionais, veio à tona uma pseudociência encarregada da definição dos contornos de um futuro próximo que se conformasse às necessidades e exigências das

---

9   Joseph Gabel, *False Consciousness: An Essay on Reification* [1962], trad. Margaret Thompson. New York: Harper, 1978, p. 151.

corporações estadunidenses e de suas ambições imperiais. Ainda que algumas das ficções e exclusões da futurologia datem de bem antes, recuando ao século XIX, foi no ano de 1946 que as articulações dominantes das expectativas coletivas se restringiram a especialistas oficiais, *think tanks*, analistas econômicos e gurus autores de best-sellers. É claro que retratos tecnocráticos do futuro criados pelas elites estavam longe de ser uma novidade; no entanto, por mais de um século – de Henri de Saint-Simon nos anos 1820 a Walther Rathenau depois da Primeira Guerra Mundial –, defensores da racionalização econômica e social quase sempre previam em seus prognósticos formas menos opressivas de trabalho e meios de mitigação das desigualdades sociais. Na década de 1920, H. G. Wells retratou um futuro que incluía uma federação democrática mundial, desarmamento, educação universal e até mesmo alguns limites à iniciativa privada.[10]

Contudo, a sociedade de consumo que decolava no pós-guerra exigia uma desvinculação decisiva do futuro em relação a qualquer tentativa de imaginação de relações sociais transformadas. O futuro passou a ser inseparável de projeções cuidadosamente preparadas de progresso científico e tecnológico que coincidiam com um leque de novas tarefas a serem atribuídas aos consumidores do pós-guerra, mas nas quais as hierarquias políticas e econômicas existentes se mantinham em seus lugares. Em parte, a chegada da Idade Atômica, com suas novas formas de terror global e de morte em massa, exigiu uma nova roupagem e sua domesticação

---

10 Cf., por exemplo, as conclusões de Wells em seu *The Outline of History*. New York: Macmillan, 1920.

na figura de promessas de abundância e de lazer cada vez maiores, proporcionados por uma energia nuclear "limpa", pela automação, pelas luzes piscantes dos gabinetes da IBM e por uma miríade de outros supostos avanços. É possível perceber na obra de outro escritor de ficção científica o quanto havia mudado desde que Wells escrevera em 1920. Já no final dos anos 1950, Arthur C. Clarke era uma das primeiras encarnações do "futurólogo" público, com seu best-seller de não ficção *Perfil do futuro*.[11] Escrito entre 1958 e 1961, e em grande parte publicado originalmente pela revista *Playboy*, o livro pode ser tomado como representante de centenas de relatos paralelos em que o futuro é apresentado como um catálogo de inovações científicas, médicas ou tecnológicas desconectadas, mas que tacitamente confirmam a imutabilidade da ordem social existente. Para escritores de ficção científica e futuristas conservadores como Clarke, as origens da mudança radical somente podem corresponder a eventos quase teológicos, como a chegada de alienígenas superinteligentes ou a evolução dos seres humanos rumo a uma consciência superior desencarnada.

No final dos anos 1970, boa parte do que tornava extraordinária a futurologia de Clarke e de muitos de seus contemporâneos por volta de 1960 (como as colônias em Marte, a viagem na velocidade da luz, o teletransporte ou golfinhos que falavam inglês) deu lugar a prognósticos menos empolgantes que eram pouco mais que previsões econômicas retoricamente infladas. Seja em títulos como *O choque do*

---

11 Arthur C. Clarke, *Perfil do futuro*, trad. Álvaro Borges Vieira Pinto. Petrópolis: Vozes, 1970.

futuro (1970) ou *Megatendências* (1982),[12] o futuro logo passou a corresponder a "desfechos" ou, de forma mais crua, a vencedores e perdedores em uma economia pós-industrial ou baseada na informação. As palavras da moda na época eram descentralização, redes, sistemas não lineares e globalização; por trás da verborragia, contudo, estava uma previsão antiutópica de um mundo em que tudo era determinado pelas metamorfoses inconstantes do livre mercado. Tem havido, na última década, um aumento acentuado em especulações como essas sobre o futuro próximo, mas quase exclusivamente em termos de inovações tecnológicas específicas e das consequências delas para instituições e investidores. O título de um livro recente encapsula a moldura claustrofóbica da futurologia: *Dois segundos de vantagem: como ser bem-sucedido antevendo o futuro.*[13]

Sem dúvida, houve algumas contestações relevantes aos pronunciamentos futuristas oficiais, sobretudo durante as sublevações globais dos anos 1960 e do começo dos anos 1970. Igualmente significativos foram os eventos de 1989 a 1991, ainda que a brusquidão com que eles se desenrolaram tenha levado a consequências diferentes. Hoje, podemos olhar em retrospectiva para a implosão da União Soviética como ponto inicial de algumas das narrativas influentes do "está aqui para ficar": o fim da história e a chegada de um pla-

---

12 Alvin Toffler, *O choque do futuro*, trad. Marco Aurélio de Moura Matos. Rio de Janeiro: Record, 1998; John Naisbitt, *Megatendências: as dez grandes transformações ocorrendo na sociedade moderna*, trad. José Eduardo Mendonça. São Paulo: Círculo do Livro, 1982.

13 Vivek Ranadivé e Kevin Maney, *Dois segundos de vantagem: como ser bem--sucedido antevendo o futuro*. Rio de Janeiro: Alta Books, 2013.

neta unipolar de democracias de mercado. É fácil esquecer o que estava em jogo nas disputas em torno desses acontecimentos. O fim da União Soviética e de sua influência sobre o Leste Europeu ocorreu de forma tão inesperada que abriu a imaginação popular à ideia de que uma fachada aparentemente inatacável de poder político poderia na verdade esconder um castelo de cartas bastante instável. Para líderes nos Estados Unidos e na Europa, apesar da soberba apresentada em público, tratava-se, no entanto, de uma demonstração perigosa que exigia a adoção de medidas compensatórias. O começo dos anos 1990 também foi uma breve janela em que o final da Guerra Fria parecia fadado a trazer consigo a promessa de "dividendos da paz". Por toda parte havia expectativas de que uma parcela dos vultosos recursos gastos com a guerra seria redirecionada para algum outro lugar. Era como se um peso houvesse sido tirado da consciência social coletiva e acendesse uma esperança renovada na possibilidade de outro tipo de mundo. Uma aptidão debilitada para o pensamento e para a prática utópicos foi, ao menos por um instante, trazida de volta à vida.

Para os gestores da nova hegemonia no Ocidente, expectativas de "dividendos da paz" concretos, em todas as suas expressões, tiveram que ser rapidamente anuladas ou desviadas. Assim, visões de uma sociedade mais igualitária e não militarizada tiveram seu lugar tomado por um futuro que se conformasse às prioridades neoliberais. A disponibilidade da rede mundial de computadores no começo dos anos 1990, emoldurada por afirmações absurdas sobre ciberespaço e realidade virtual, foi essencial para essa operação tranquilizadora. Ao lado das boas-vindas à globalização, a internet foi celebrada como o portal para uma nova era de conectividade e oportunidade. E, para garantir que os "dividendos da paz" fossem esquecidos, a década de 1990 foi marcada por uma nova sequência de guerras *high-tech*, com as intervenções calamitosas dos Estados Unidos no Kuwait, no Iraque, na Somália e em Kosovo/Sérvia.

Para aqueles no Leste, a aparente oportunidade de construção de uma sociedade socialista livre do autoritarismo burocrático foi revigorante, sobretudo na República Democrática Alemã, mas os ânimos logo minguaram. A brutalidade e a insensibilidade com que os valores capitalistas foram impostos na Rússia, como se da noite para o dia, é recontada por uma série de vozes na história oral de Svetlana Aleksiévitch *O fim do homem soviético*:

> A Rússia... [...] Foi transformada num depósito do Ocidente, para largar trapos usados e remédios vencidos. [...] O poder soviético? Não era o ideal, mas era melhor do que isso que tem hoje [...] não tinha ninguém excessivamente rico, nem pobre... nem mendigos e meninos de rua... Os velhos conseguiam viver com as suas aposentadorias, não precisavam catar garrafa na rua. [...] "Essa horrível educação soviética..." Mas essa "horrível educação soviética" me ensinou a pensar não só em mim, mas também nos outros.[14]

Agora, três décadas depois, os produtos, sistemas e serviços que as companhias de mídia e de tecnologia alardearam

---

14 Svetlana Aleksiévitch, *O fim do homem soviético*, trad. Lucas Simone. São Paulo: Companhia das Letras, 2016, p. 177.

como novidades são a confirmação de um futuro que desapareceu. Somos constantemente atualizados sobre o que devemos comprar e sobre quando essas coisas, conforme resvalam para a inutilidade, devem ser trocadas – e, implicitamente, somos alertados de que não faz sentido esperar nada além desses ciclos de consumo. Com o capitalismo adentrando sua fase terminal em um planeta desfigurado pela austeridade neoliberal e pelo colapso ambiental, não há mais nem sequer um fingimento de que o desenvolvimento científico e técnico está alinhado com os propósitos e as necessidades humanas. As outrora badaladas (ainda que incoerentes) previsões de uma coevolução em que humanos e máquinas acabariam por gradualmente se fundir em entidades híbridas foram abandonadas por praticamente todos, a não ser por alguns poucos devotos psicóticos da "singularidade". No momento em que este livro foi finalizado, algumas das áreas de tecnoinovação com maior número de publicações incluíam as de inteligência artificial, robótica, neurociência, realidade aumentada/virtual, veículos autônomos, nanotecnologia, genômica e Internet das Coisas (iot). Esses tópicos poderiam ser considerados individualmente, mas, juntos, transmitem uma sensação da ocupação asfixiante de um mundo em que a agência e a criatividade humanas foram deletadas. A promoção de inteligências artificiais, da robótica e da iot que está em curso acaba por se mostrar um anúncio desesperado da relegação dos humanos, como seres trabalhadores e viventes, para a periferia dos sistemas tecnológicos e, para muitos, também para o endividamento, a fome, a doença e o empobrecimento. Ao escrever nos anos 1950, o filósofo Günther Anders esboçou como o *telos* da cultura tecnológica moderna consistia na instalação de um "mundo sem nós". Com isso, Anders não se referia à desaparição das pessoas, e sim à invasão levada a cabo por sistemas autônomos que tornam obsoletos processos decisórios baseados nas necessidades de comunidades humanas. O que diferencia a posição de Anders daquela de críticos similares é sua insistência no fato de que as armas nucleares, desde seu uso na Segunda Guerra Mundial, se tornaram o objeto tecnológico paradigmático graças a sua eficiência absoluta, à revelação perpétua da irrelevância e da descartabilidade dos seres vivos e a seu distanciamento completo de todo e qualquer argumento em prol dos mundos humano e natural.[15]

O advento das redes 5G sinaliza essa irrelevância com a preponderância esmagadora de fluxos de dados entre "coisas", em detrimento da comunicação entre pessoas. Que bilhões de máquinas estejam *se comunicando* umas com as outras" indica o atual esvaziamento desse verbo e a degradação de sua rica etimologia social. As novas velocidades de processamento computacional de fluxo entre diferentes aparelhos e redes permite que "coisas" equipadas com sensores realizem ações de forma autônoma, e os serviços digitais utilizados por pessoas continuarão a ajustar e a atualizar incessantemente suas operações à medida que o *feedback* sobre os comportamentos dos usuários for processado. Velocidades computacionais tão altas tornam irremediavelmente obsoleto o tempo necessário para a deliberação reflexiva entre seres humanos. Estamos nos aproximando

---

15 Günther Anders, *Hiroshima est partout*, trad. Denis Trierweiler et al. Paris: Seuil, 2008, pp. 56-55.

da concretização do paradigma cibernético descrito pelo coletivo Tiquun como

> uma nova estruturação radical do sujeito, seja ele individual seja coletivo. O objetivo é torná-lo oco. Não se trata mais de uma questão de separar o sujeito de seus laços exteriores tradicionais, como demandado pela hipótese liberal, mas de privar o sujeito de toda e qualquer substância. Toda pessoa deve se tornar um envelope descarnado, o *locus* de um ciclo de retroalimentação.[16]

Essas inovações são em geral apresentadas ao público sob a forma da conveniência de viver e trabalhar em ambientes "inteligentes" em que "tudo é feito antes mesmo que você consiga pensar no assunto". É exatamente isso que está em jogo: a despossessão do pensamento e a evaporação daquilo que costumava ser entendido como a interioridade e a volição. O que importa, agora, não é se uma Internet das Coisas robótica conduzida por inteligências artificiais pode ou não ser implementada um dia, mas sim se a forma como a revelação da descartabilidade humana que ela traz consigo contribui para a desmoralização e para o despedaçamento da esperança. As pessoas aguardam por esse futuro da mesma forma como esperariam a morte chegar.

Luis Suarez-Villa destacou como as corporações do século XXI estão transformando a sociedade inteira em um vasto laboratório de experimentos voltado a impulsionar os inte-

---

16 Tiqqun, *The Cybernetic Hypothesis* [2001], trad. Robert Hurley. Pasadena: Semiotext(e), 2020, pp. 52-53.

resses do tecnocapitalismo, isto é, "a conquistar e colonizar quase todos os aspectos da existência humana (e da própria natureza)".[17] Para ele, uma das metas atuais do poder corporativo é a administração de hábitos de consumo em massa e a produção de indivíduos obedientes que se conformem às prioridades das corporações. Novos avanços na biofarmacologia e no neuromarketing são apenas alguns dos resultados desses campos ampliados de experimentação. Caso isso pareça um exagero, considerem-se estas palavras tiradas do site do Fórum Econômico Mundial dos bilionários:

> a Quarta Revolução Industrial é a primeira na qual as ferramentas da tecnologia podem ser literalmente incorporadas dentro de nós e até mesmo alterar deliberadamente quem somos no nível de nossa constituição genética. É plenamente concebível que formas radicais de aprimoramento humano estejam disponíveis no intervalo de uma geração.[18]

É bastante improvável que esse objetivo megalomaníaco de integração da biologia humana à tecnologia da informação vá muito longe, mas, mesmo assim, a existência dele é reveladora das ambições alucinadas que impulsionam as agendas corporativas de hoje. O filósofo Federico Campagna descreveu o que está em jogo com a disparidade radical entre seres vivos e redes de informação cada vez mais poderosas: "A quebra de recordes em investimentos em sistemas de *big*

---

17 Luis Suarez-Villa, *Technocapitalism*. Philadelphia: Temple University Press, 2009.
18 Nicholas Davies, "What Is the Fourth Industrial Revolution?". *World Economic Forum*, 19 jan. 2016.

data e de tecnologia se sustenta na crença de que não é possível haver algo ontologicamente relevante que não possa, ao menos potencialmente, ser reduzido às unidades seriais da linguagem dos dados". Uma pessoa viva que se recuse ou que seja incapaz de se entregar a essa redução, escreve Campagna, "é imediatamente desprovida de toda e qualquer pretensão legítima a ocupar um espaço no mundo".[19]

As novas capacidades da inteligência artificial e da computação quântica estão sendo desenvolvidas para os setores que mais se beneficiam de sua implementação: bancos e finanças, agências de segurança e de inteligência e forças armadas. Todos esses setores operam em ambientes ricos em dados, e o poder e a velocidade de processamento que a análise de riscos e a tomada de decisões automatizada podem alcançar é essencial para seu sucesso e para a dominação global. Ao conectar todos os recursos terrestres, marítimos, aéreos e de satélites em um único agenciamento intercomunicativo, a instalação de redes 5G se revela especialmente relevante para as ambições militares de uma "dominação de espectro total". As tecnologias que dispensam seres humanos postuladas por Anders são concretizadas com a criação de grandes riquezas sem trabalho, com forças armadas que planejam guerras eletrônicas sem soldados e com redes sociais em que robôs superam em muito o número de usuários reais. Essas ferramentas dependem da pilhagem e do roubo da riqueza social e dos recursos naturais, de modo que os impedem em definitivo de estar a serviço de algo que possa lembrar um bem comum (e

---

[19] Federico Campagna, *Technic and Magic: The Reconstruction of Reality*. London: Bloomsbury, 2018, pp. 42-43.

que seja diferente do download de horas de conteúdo de vídeo em um milissegundo). Os parâmetros expandidos da "inteligência" de máquinas que conduzem as finanças globais e as plataformas autônomas de guerra das forças militares transformam em piada as vãs esperanças de que a inteligência artificial trará benefícios às necessidades humanas. O *big data* e a inteligência artificial não farão mais que intensificar as desigualdades sociais já existentes e acelerar o desenvolvimento de novos sistemas de armas.

Há quem tema que as capacidades propagandeadas da inteligência artificial, das redes 5G e da Internet das Coisas se aglutinem em um azeitado arranjo panóptico de controle social, mas isso nunca vai acontecer. A realidade será uma colcha de retalhos de sistemas e componentes em competição e incompatíveis entre si, que resultarão em falhas, interrupções e ineficiências. A lógica capitalista de ruptura contínua através da obsolescência programada, de uma complexidade técnica cada vez maior, do corte de custos e da introdução atropelada de aprimoramentos desnecessários conflita com a estabilidade necessária para o funcionamento eficiente do controle autoritário. Previsões alarmistas sobre o futuro totalizante da vigilância e da regulação digitais não apenas são exageradas mas também se caracterizam como um impedimento à percepção de quão livres somos, na verdade, para recusar as ordens do império e adotar formas alternativas de vida.

De acordo com os futuristas tecnocráticos de meados do século xx, hoje já deveríamos estar desfrutando de cidades cintilantes em que a pobreza teria sido erradicada, conectadas umas às outras por trens de alta velocidade; viveríamos cercados da abundância material proveniente de fábricas automatizadas e tiraríamos férias em Marte. Em vez disso, vivemos em meio à decadência e a uma degradação fatal: aviões que caem em razão de cortes de gastos com medidas de segurança, sistemas de abastecimento de água envenenados, falhas em redes de transmissão de energia, explosões de usinas petroquímicas, aumentos no nível do mar que ameaçam reatores nucleares e muito mais. Há montanhas crescentes de painéis solares e turbinas eólicas descartados e que não podem ser reciclados, pedestres mortos por veículos de condução autônoma porque estes se comportaram de maneira "ilógica" e edificações que colapsaram por terem sido mal construídas, como a Ponte Morandi, em Gênova, ou o Champlain Towers South, em Miami, em presságio ao desmoronamento inevitável de milhões de outras estruturas de concreto à medida que seus elementos internos de aço se corroem. Nas palavras do artista Robert Smithson, "estamos cercados de evidências de uma sucessão de sistemas construídos pelo homem e que hoje estão atolados em esperanças perdidas".[20] O complexo internético, a que agora se acrescenta a Internet das Coisas, luta para esconder sua dependência fatal do mundo construído do capitalismo industrial, ora em rápida deterioração. Ao contrário de todas as propostas grandiosas, nunca haverá restauração nem substituição significativa de todos esses elementos de infraestrutura implementados ao longo do século XX e que hoje estão quebrados.

---

20 Robert Smithson, *The Writings of Robert Smithson*, org. Nancy Holt. New York: NYU Press, 1979, p. 111.

Toda imaginação efetiva de uma cultura material pós-capitalista deve confrontar a inseparabilidade entre a tecnologia moderna e as formações institucionais da ciência moderna. Estamos hoje soterrados por todos os lados por exaltações reverentes à "ciência" e à autoridade incontestável dos "cientistas" que nos salvarão da crise climática. O absurdo dessa santificação de um dos principais agentes de destruição da biosfera – incluindo o aquecimento global – é evidente para muitos, mas há uma proibição estrita de que esse fato seja abertamente reconhecido. Em suas muitas e poderosas manifestações institucionais, a ciência é agora essencializada como uma fonte *a priori* da verdade, como algo que está acima de interesses econômicos ou de determinações sociais e que não é suscetível a avaliações históricas ou ideológicas. Trata-se da última miragem que resta de legitimação, por trás da qual o capital global continua em sua sanha de pilhagem e destruição planetárias. As figuras marginais dos climatologistas ou oceanógrafos altruístas são colocadas em primeiro plano para camuflar a cumplicidade estrutural da maior parte da pesquisa científica com as prioridades corporativas e militares. Diante de ataques reacionários contra todas as formas de conhecimento e aprendizagem, nossa resposta não deveria ser uma celebração impensada de um conto de fadas sobre a "ciência". Essa obsequiosidade covarde consiste em um anti-intelectualismo tão nocivo quanto a adoção da ignorância pela direita. As críticas copiosas aos limites e aos fracassos da ciência ocidental, vindas de muitas frentes, tornaram-se invisíveis e impronunciáveis. Esse corpo essencial de pensamento recebeu contribuições de alguns dos mais exigentes filósofos, cientistas, feministas, ativistas e pensadores sociais dos últimos cem anos ou mais. Chegamos a um momento em que a sobrevivência da vida em nosso planeta depende do reavivamento dessa crítica e da recuperação de uma consciência inequívoca de como a maioria dos paradigmas fundacionais da ciência ocidental nos conduziram à atual situação desastrosa e possivelmente terminal.

Ao contrário de muitos à esquerda no começo dos anos 1970, o teórico francês Jacques Camatte não compartilhava dessas ilusões: para ele, a ciência era ao mesmo tempo serva e divindade do capitalismo. Camatte entendeu que a ciência se formatara completamente como "o estudo de mecanismos de adaptação que assimilarão os seres humanos e a natureza à estrutura da atividade produtiva do capitalismo".[21] A colonização absoluta da pesquisa por militares e corporações na sequência da Segunda Guerra Mundial consumou o desaparecimento de diferenças significativas entre ciência e tecnologia. Jean-François Lyotard viu o desenvolvimento irrestrito da tecnociência capitalista como a negação final do projeto emancipatório da modernidade e a extinção de toda ilusão quanto ao papel benéfico destinado à razão humana.[22] Já há muito tempo o método científico se tornou dependente da tecnologia para a criação de objetos artificiais e desenraizados em que pudesse ser aplicado. A natureza e os seres humanos foram reduzidos e homogeneizados em abstrações tecnocientíficas. De fato, já no longínquo século XVII, a ciência ocidental se tornava um dos apoios discursivos mais po-

---

21 Jacques Camatte, *This World We Must Leave and Other Essays*. New York: Autonomedia, 1995, p. 97.

22 Jean-François Lyotard, *The Postmodern Explained*, trad. Barry Don et al. Minneapolis: University of Minnesota Press, 1992, p. 18.

derosos para o racismo, para a misoginia e para os projetos coloniais genocidas originados na Europa e, depois, na América do Norte.

Alfred North Whitehead detalha algumas das condições históricas necessárias à ascensão da tecnociência: segundo suas observações, a natureza em si daquilo que antes era pensado como "ciência" sofreu uma mudança fundamental no século XIX. A pesquisa científica passou a ser significativa e valiosa principalmente por seu potencial para a geração de alguma aplicação, produto ou técnica prática. "A maior invenção do século XIX foi a do método da invenção", escreveu um cáustico Whitehead. A ciência definiu a si mesma não com base em princípios, mas em resultados. Ela passou a ser "um óbvio celeiro de ideias a serem utilizadas", o que evidentemente significava aplicações comerciais e lucrativas.[23] O autor notou o surgimento, no final do século XIX, de métodos mediante os quais o conhecimento abstrato poderia ser conectado à tecnologia e a sequências intermináveis de inovação. Ele identificou a Alemanha como o país em que as "ilimitadas possibilidades do progresso técnico" se concretizaram primeiro. Ao apresentar essas ponderações em 1925 em suas Lowell Lectures, em Harvard, Whitehead foi gentil demais para destacar o óbvio: que o "método da invenção" era inseparável da ascensão do capitalismo industrial e da voracidade de suas exigências. A vocação da ciência capitalista de Estado moderna (que Whitehead, Max Weber, Helmuth Plessner e outros haviam identificado na década de

---

23 Alfred North Whitehead, *A ciência e o mundo* moderno, trad. Hermann Herbert Watzlawick. São Paulo: Paulus, 2006, pp. 124-25.

1920) claramente nos deixou à beira da catástrofe com sua torrente de "ideias a serem utilizadas".[24] Atualmente, a glorificação estridente da "ciência" é uma manobra desesperada de ofuscamento voltada a adiar um reconhecimento mais amplo da inseparabilidade desastrosa entre ciência ocidental e capitalismo e, ao mesmo tempo, promover a ilusão de que a "ciência" nos salvará de seus próprios feitos calamitosos, sobretudo nos desdobramentos atuais do sistema terrestre.

Para usar apenas um de incontáveis exemplos, a torrente de produtos químicos sintéticos que envenena o ar, a água, o solo, os oceanos e os corpos de todos os organismos superiores é sem dúvida um dos "feitos" mais duradouros da tecnociência capitalista. Não só os executivos corporativos como também os próprios cientistas são responsáveis diretos pelos ferimentos de morte causados aos sistemas vivos por plásticos, herbicidas, pesticidas e fertilizantes petroquímicos, assim como pelo impacto tóxico dos 120 mil compostos (número que aumenta a cada mês) que saturam nossos corpos e o ambiente. Esses compostos vêm sendo produzidos para o único propósito de facilitar a produção e os processos técnicos, inclusive em aplicações militares, e para o aprimoramento, de mil maneiras diferentes, das "conveniências" desnecessárias da vida diária e do comércio. O complexo industrial global depende de um fluxo contínuo de novos produtos e é estruturalmente incapaz de se limitar ou de se regular a si mesmo de modo significativo. A existência de um

---

24 Cf., por exemplo, Max Weber, "Ciência como vocação", trad. Marcelo Rondinelli, in André Botelho (org.), *Sociologia – Essencial*. São Paulo: Penguin-Companhia, 2013.

mundo transformado pela tecnociência em aterro sanitário terminal não é uma anomalia que poderia ter sido, ou ainda possa ser, corrigida; ela é intrínseca às operações do capitalismo de terra arrasada. Quando consideramos as inovações danosas da biologia sintética, da nanotecnologia, da robótica social e dos sistemas autônomos de armas, para citar apenas algumas áreas, a reação condicionada de veneração da "ciência" somente pode ser entendida como uma capitulação diante do continuado ataque ao mundo da vida. Para o filósofo Jean-Pierre Dupuy, "qualquer um que acredite que a ciência e a tecnologia conseguirão oferecer uma solução para os problemas criados pela ciência e pela tecnologia não acredita na realidade do futuro".[25]

Um sinal do encurtamento tecnocientífico do futuro foi o lançamento, em 2013, de uma nova divisão da Google chamada Calico, a California Life Company. Esse empreendimento de pesquisa e desenvolvimento foi formado, segundo seus divulgadores, "para explorar a biologia que controla a expectativa de vida" e para solucionar o que consideraram ser o "problema" do envelhecimento. Ainda que dezenas de empresas de biotecnologia e de genômica também busquem drogas e tratamentos antienvelhecimento e os ofereçam no mercado, a entrada da Google nesse setor é digna de nota por diferentes razões e foi recebida com previsível fanfarra – por exemplo, pela capa da revista *Time*, na qual se usava a conhecida tipografia da gigante de *big tech* para apresentar esta questão: "A Google pode solucionar a morte?". A ma-

---

25 Jean-Pierre Dupuy, *The Mark of the Sacred*, trad. M. B. DeBevoise. Stanford: Stanford University Press, 2013, p. 46.

téria da *Time* citava um executivo de alto escalão que proclamava que, depois de todos os sucessos da Google, "finalmente estamos combatendo o envelhecimento" e dizia que um intervalo de vida de 500 anos será possível. Se a Google de fato introduzirá ou não no mercado algum produto voltado à longevidade é irrelevante. O que é significativo é o reconhecimento aberto, por uma corporação de mídia de alta visibilidade, de uma financeirização neoliberal muito mais profunda da vida biológica, já que a Google é só mais uma participante da reconceituação continuada da vida humana na forma de um modelo computacional para processamento de dados e acumulação de capital.

Suprimir o envelhecimento significa imaginar a vida como um presente distendido, suspenso no tempo e protegido do declínio ou da mudança. Por milhares de anos, a finitude da vida vem sendo o que dá sentido, paixão e propósito às nossas existências e às formas como amamos e dependemos uns dos outros. Depreciar a finitude humana com a proposta de que a longevidade individual poderia ser um requisitado produto *biotech* para os ricos é parte da extinção de todo e qualquer valor ou crença que transcenda a voracidade do capitalismo. A mercadorização e a privatização do futuro são agora explícitas, conforme o "tempo para viver" é assimilado à lógica da financeirização. Uma indústria antienvelhecimento incita ansiedade e medo – medo da fragilidade e da dependência em um mundo no qual a maioria das formas sociais de apoio foi debilitada ou eliminada. Mesmo sob as provisões de um Estado de bem-estar social mínimo, a velhice era um problema estrutural para o capitalismo em função de sua relativa improdutividade e de seu consumismo reduzido. Agora, o "envelhecimento" se torna parte da precarização em curso e da descartabilidade de toda a vida humana. Para a teórica Melinda Cooper, "o neoliberalismo visa lucrar com a distribuição não regulada de oportunidades de vida".[26] Em uma época em que a violência organizada e o empobrecimento social tomam todos os continentes, as ambições da Google trazem a tiracolo um descaso devastador com as disparidades que permeiam as crises mais urgentes de subsistência e de sobrevivência. A expectativa de vida de vários bilhões de pessoas no Sul global é duas ou três décadas menor que os mais de oitenta anos de muitas das nações da Europa Ocidental, do Japão e de outros lugares. Nas favelas de Mumbai, de Lagos e do Rio de Janeiro, a expectativa de vida masculina é de menos de quarenta anos. Desse ponto de vista, o envelhecimento dificilmente pode ser considerado uma experiência universal ou inevitável; em vez disso, se apresenta como um problema de "estilo de vida" dos setores mais ricos do planeta. E, agora, tanto nos Estados Unidos como em outros países, as ocorrências de "mortes por desespero" entre pessoas em seus trinta ou quarenta anos de idade estão disparando, causadas por drogas, álcool e suicídio – todas elas consequência da dor diária da pobreza, do endividamento, da solidão e da depressão.

Como o sociólogo Zygmunt Bauman escreveu, "a morte é uma negação empática de tudo aquilo que o admirável

---

26 Melinda Cooper, *Life as Surplus: Biotechnology and Capitalism in the Neoliberal Era*. Seattle: University of Washington Press, 2008, p. 11.

mundo novo da modernidade representava".[27] Essa verdade é especialmente insuportável para a classe bilionária global. Consumida por delírios de onipotência, ela vê na inevitabilidade da morte algo incompreensível e absurdamente injusto. A disparidade entre a brevidade da expectativa de vida de um adulto e a enormidade das fortunas que acumularam leva à fúria implacável de perceber que na verdade o dinheiro não poderá comprar tempo, um tempo infinito para explorar suas riquezas e alimentar seus narcisismos. Daí o padrão familiar de super-ricos ansiosos por custear pesquisas sobre longevidade. Nos anos 1920, os magnatas apinhavam a clínica de Serge Voronoff em busca de terapias de "rejuvenescimento" com glândulas de macaco. Já nos anos 1970, a criopreservação era uma opção para alguns, que esperavam que tanto seus corpos como seus bens pudessem ser mantidos congelados até um momento no futuro em que seriam ressuscitados. Agora, tanto no Vale do Silício como em outras regiões, os bilionários perseguem a ilusão transumanista de que a mente poderá ser carregada em um computador, de modo a garantir algum tipo de imortalidade biomecânica. Na década de 1960, Theodor Adorno traçou um perfil do tecnófilo como um manipulador patológico: aqueles que fetichizam a tecnologia, disse ele, são as "pessoas frias" que nunca conheceram o amor, a alegria ou a empatia.

Isto não deve ser entendido num sentido sentimental ou moralizante, mas denotando a carente relação libidinal

---

27 Zygmunt Bauman, *Mortality, Immortality and Life Strategies*. Stanford: Stanford University Press, 1992, p. 134.

com outras pessoas. Elas são inteiramente frias e precisam negar também em seu íntimo a possibilidade do amor, recusando de antemão nas outras pessoas o seu amor antes que o mesmo se instale. A capacidade de amar, que de alguma maneira sobrevive, eles precisam aplicá-la aos meios.[28]

Adorno observou que os poderes dominantes de "todas as épocas produzem as personalidades [...] de que necessitam socialmente".

Como Norman O. Brown escreveu em *Life against Death* [A vida contra a morte], "a incapacidade de aceitar a morte resulta na morbidez de uma pulsão de morte ativa [...] a morte é superada sob condição de que a concretude real da vida passe para as coisas inertes e mortas. Um mundo tecnológico é repleto de formas de vitalidade negativa. A natureza e a natureza humana voltam em formas destrutivas".[29] Essa foi uma antevisão não só com relação a bilionários em busca da vida eterna mas também à integração em curso a sistemas como a Internet das Coisas. Sem dúvida, a indústria da extensão da vida e sua absurda meta de transformar a quase imortalidade em um produto vendável são exemplos hiperbólicos. A imagem de uma mente "carregada" em um computador é simplesmente uma expansão metafórica de uma vida vivida dentro dos parâmetros estupefacientes da Internet das Coisas, com seus capacetes com *displays* óticos ou suas conversas com vozes robóticas – trata-se de uma

---

28 Theodor W. Adorno, "Educação após Auschwitz", in *Educação e emancipação*, trad. Wolfgang Leo Maar. Rio de Janeiro: Paz e Terra, 1995, p. 132-33.
29 Norman O. Brown, *Life Against Death*. Middletown: Wesleyan University Press, 1959, p. 286.

vida removida da imersão em ambientes vivos e desligada da reciprocidade primária entre seres humanos ou entre seres humanos e animais e outras espécies.

A abordagem psicanalítica radical de Brown para a letalidade de uma sociedade dominada pela tecnologia antecipou aquilo que viria a ser uma corrente de bastante influência na contracultura dos anos 1960: a rejeição de instituições desvitalizadoras e de suas exigências repressivas. Artistas, escritores e cineastas retrataram as texturas de mundos sociais fraturados e os custos emocionais impostos àqueles que os habitam. O romance *V.*, de 1963, de Thomas Pynchon, explora a forma como o inanimado se insinuou na experiência individual e social, um processo iniciado no final do século XIX. Um de seus personagens repete um tema ao longo de todo o livro: "Uma decadência é um desmoronamento do que é humano, e quanto mais caímos, menos humanos nos tornamos. Porque somos menos humanos, impingimos a humanidade que perdemos a objetos inanimados e teorias abstratas".[30] Em *Nova Express* [Expresso Nova], de William Burroughs, os "deuses do Tempo-Dinheiro-Lixo" prefiguram as elites de hoje do Vale do Silício na instrumentalização que fazem da linguagem e das imagens como "um ataque viral direcionado contra a vida animal afetiva",[31] um vírus que enfraquece o desejo e o transforma em padrões de vício e em hábitos automatizados. Os livros de Philip K. Dick de meados dos

---

30 Thomas Pynchon, *V.* [1963], trad. Marcos Santarrita. Rio de Janeiro: Paz e Terra, 1988, p. 460.

31 William Burroughs, *Nova Express* [1964]. New York: Grove/Atlantic, 2011, p. 73.

anos 1960, como *O tempo em Marte* e *Os três estigmas de Palmer Eldritch*,[32] expõem o custo humano de "uma peculiar e maligna abstração"[33] no interior de uma realidade saturada de mídias e mercadorias. Dick detalha de modo reiterado a despersonalização esquizofrênica que resulta da colisão do eu com espaços repletos de objetos inúteis e com outras pessoas esvaziadas da capacidade de empatia.

Também houve imaginações do próprio mundo tornado literalmente inanimado, como indicado pelos títulos de *Gelo*, de Anna Kavan, e *O mundo de cristal*, de J. G. Ballard.[34] Ballard explora aspectos patológicos da tecnofilia em sua história sobre expatriados europeus em uma nação não identificada na África Ocidental. Graças a alguma anomalia cósmica, um processo incontrolável de cristalização se iniciou na floresta e passou a transformar todos os seres vivos, incluindo pessoas, em matéria inerte, mas de grande beleza. No lugar de uma narrativa previsível a respeito de esforços heroicos para impedir a disseminação desse processo por todo o planeta, o romance de Ballard acompanha a atração indolente de seus personagens rumo à irresistibilidade de tornar-se cristal e da "imunidade diante do tempo" aparentemente conferida por esse fenômeno. Uma década mais

---

32 Philip K. Dick, *O tempo em Marte* [1964], trad. Daniel Lühmann. São Paulo: Aleph, 2020; Id., *Os três estigmas de Palmer Eldritch*, trad. Ludimila Hashimoto. São Paulo: Aleph, 2022.

33 Id., *Androides sonham com ovelhas elétricas?* [1968], trad. Ronaldo Bressane. São Paulo: Aleph, 2017.

34 Anna Kavan, *Gelo* [1967], trad. Camila von Holdefer. São Paulo: Fósforo, 2022; J. G. Ballard, *O mundo de cristal* [1966], trad. Eurico da Fonseca. Lisboa: Livros do Brasil, 1967.

cedo, Günther Anders propusera que as pessoas eram atraídas por modos de "autorreificação" na esperança de "reduzir ou mesmo abolir todas as outras formas de fragilidade e degradação humanas".[35] Esses textos ecoam as bem conhecidas críticas dos anos 1960 ao capitalismo de consumo e à modernização tecnocrática. Juntos, demonstram que a calamidade social e psíquica da globalização neoliberal dificilmente poderia ser vista como algo novo, já que consiste, de várias maneiras, em uma intensificação de efeitos intrínsecos ao capitalismo desde o final do século XIX. A previsão feita por Max Weber em 1904 de que o capitalismo terminaria em uma "petrificação mecanizada"[36] é um lembrete daquilo que para alguns é evidente há muito tempo.

Ainda que os tecnomodernistas sejam motivados sobretudo pelo cinismo e pelo oportunismo, alguns estão nostalgicamente ligados à quimera, há muito perdida, de uma "era das máquinas" de caráter urbano. O pesar que sentem se volta para a época entre o início e meados do século XX, quando o progresso tecnológico e o crescimento urbano desenfreados pareciam inevitáveis e ainda era possível acreditar nas promessas messiânicas de um mundo completamente projetado. Uma das fontes históricas dos tecnomodernistas e das ilusões por eles compartilhadas foi o surgimento, na Europa, de um novo estrato da *intelligentsia* e de administradores cuja compreensão de si incluía

---

35 G. Anders, "On Promethean Shame", in Christopher Müller (org.), *Prometheanism: Technology, Digital Culture and Human Obsolescence*. London: Rowman and Littlefield, 2016, p. 50.

36 M. Weber, *A ética protestante e o espírito do capitalismo*, trad. Maria Irene Szmrecsányi e Tamás Szmrecsányi. São Paulo: Pioneira, 1994, p. 133.

uma identificação com o ambiente em expansão da metrópole. Incontáveis imagens e retratos da urbanidade que estavam então em circulação tinham, com raras exceções, um único elemento em comum: o repúdio e o apagamento da vida agrária e de todos os ritmos, relacionamentos e formas de trabalho a ela relacionados. A partir da década de 1850, ser moderno ou cosmopolita significava muitas coisas, mas, acima de tudo, exigia uma desconexão absoluta de tudo o que estivesse associado à rusticidade da existência rural, aos odores e materialidades do solo, do esterco, dos currais, dos animais, assim como o distanciamento de toda a imersão tátil dos processos envolvidos no cuidado da vida orgânica. Também havia uma necessidade correlata de se dissociar dos horizontes e ambições limitados das classes proprietárias de terras. Mais que apenas expressar desdém ou superioridade em relação aos camponeses, à atividade agrária ou à vida no campo, o que se tinha era o início do sonho tecnocrático de um mundo artificial organizado em torno da produção industrial e da racionalização da tomada de decisões.

A credibilidade dessas ilusões exigia a ocultação de todos os processos e fluxos metabólicos que estavam no coração da socialidade urbana. Nesse sentido, o projeto de uma megalópole padronizada e instrumentalizada foi conduzido por um "profundo desprezo pelos processos orgânicos".[37] Assim, já no começo do século XX, a invocação de uma era das máquinas dependia da ocultação levada a cabo pela passagem de encanamentos no interior das residências, pela moder-

---

37 Lewis Mumford, *A cidade na história: suas origens, transformações e perspectivas*, trad. Neil R. da Silva. São Paulo: Martins Fontes, 1998, p. 569.

nização dos esgotos, pela realocação do abate de animais, pela hospitalização de nascimentos e dos moribundos e pelo advento da agricultura industrial. Fosse a "máquina de morar" de Le Corbusier, a Villa Tugendhat de Ludwig Mies van der Rohe ou a mansão de solteirão entulhada de bugigangas de Hugh Hefner, havia várias manifestações sofisticadas da aparente autonomia de ambientes artificiais, separados de sistemas vivos. Esses ambientes coincidiam com a marginalização crescente de espaços alheios ao mercado, de empreendimentos comerciais não competitivos e de atividades não financeirizáveis.

A desconexão cidade/campo foi potencializada, sobretudo na Inglaterra e na França, pela dependência que os centros urbanos passaram a ter dos fluxos econômicos vindos do novo "interior global" da periferia colonial que dominavam, na qual o trabalho escravo era abundante. A pintura impressionista confirmou a nova mentalidade urbana ao inventar uma natureza ornamental ligada aos subúrbios em que os traços do trabalho agrícola foram em grande medida apagados. A zombaria que Baudelaire faz dos esforços para a preservação das antigas árvores da floresta de Fontainebleau, as quais menospreza como "legumes santificados",[38] ou a aversão física que Mondrian sentia pela desordem da natureza são exemplos conhecidos, ainda que superficiais, do apego modernista a um universo exclusivamente urbano. De modo mais relevante, Baudelaire entendeu cedo os custos psíquicos da vida em uma metrópole que crescia – e isso, como percebeu Walter Benjamin,

38 Charles Baudelaire, *Correspondance*, v. 1. Paris: Gallimard, 1973, p. 248

"a ponto de a empatia com o inorgânico ser uma das fontes da sua inspiração".[39] *As flores do mal* deram uma expressão duradoura àquilo que Manfredo Tafuri mais tarde chamou "a angústia do dinamismo urbano" em referência aos processos econômicos e tecnológicos modernos que operam com indiferença impiedosa em relação às esperanças e aos valores humanos. Apesar disso, Baudelaire permaneceu comprometido com sua postura antinatureza e aceitou as disjunções e a impenetrabilidade dos ambientes urbanos como inevitáveis e englobantes. O mapa paradoxal da cidade moderna era aqui revelado: suas superfícies inertes e minerais faziam dela atemporal e imperecível, mas toda e qualquer reivindicação à permanência monumental era desestabilizada pelos resíduos e pela destruição que acompanham a acumulação capitalista.

Um dos mais ruinosos legados das tentativas de segregar a cidade dos padrões orgânicos e do trabalho de subsistência são as escabrosas operações de alimentação animal concentrada (Cafos – *concentrated animal feeding operations*) que recobrem grandes porções das áreas rurais dos Estados Unidos. Esses estabelecimentos são uma faceta oculta do delírio modernista de que todos os aspectos das práticas agrárias pré-modernas poderiam ser eliminados ou reinventados como processos industriais. As Cafos, mas também outras formas de pecuária intensiva, são o local onde bilhões de animais sencientes, mantidos em um terrível confinamento no qual seu crescimento é estimulado bioquimicamente, são con-

---

39 Walter Benjamin, *Baudelaire e a modernidade*, trad. João Barrento. Belo Horizonte: Autêntica, 2015, pp. 58.

vertidos em produtos alimentícios. O desperdício, o abate interminável, as poças de esterco em crescimento incessante, o envenenamento do solo e da água e o ar irrespirável compartilhado por empregados sub-remunerados são invisíveis e alheios a todos aqueles que dependem desse sistema para sua própria subsistência. A modernidade é inseparável do alheamento sistemático dos seres humanos em relação à subsistência e da erradicação dos habitats e ecossistemas de que a sobrevivência hoje depende.

Em 1853, o ano em que o barão Haussmann começou a reconstruir a cidade de Paris, a pintura *A feira de cavalos*, de Rosa Bonheur, foi exibida no Salão de Paris. Na véspera de uma transformação epocal do espaço urbano, a pintura é atravessada por algumas das fraturas e instabilidades daquele momento histórico. Essa imagem monumental de cinco metros de largura retrata uma relação recíproca e vital entre cidade e campo. A tela mapeia interdependências seculares entre os ambientes rurais, nos quais os animais eram criados, e as cidades através do fenômeno das feiras urbanas, dos mercados sazonais em que a troca, a negociação e as transações eram feitas. Ao longo da segunda metade do século XIX, houve uma ruptura contínua das interconexões tanto simbólicas como práticas entre cidade e campo, sobretudo conforme a desvinculação entre riqueza e propriedade do solo se tornou um dos atributos definidores da modernização ocidental. Já em 1871, os malfadados insurgentes da Comuna de Paris, cercados por exércitos hostis, tomaram profunda consciência do rompimento dos elos entre os trabalhadores urbanos e os camponeses a partir do momento em que não houve uma sublevação rural paralela que lhes desse apoio. Um destino similar recaiu sobre as milícias de trabalhadores de Xangai em 1927.

No começo do século XX, *A feira de cavalos* e o resto da obra de Bonheur haviam se tornado objeto do menosprezo cosmopolita. Mais do que outras pinturas acadêmicas, estas passaram a ser um alvo especial de críticos homens condescendentes, para os quais as cenas nelas representadas eram o epítome de tudo aquilo que eles consideravam fora de moda e antimoderno. Mesmo em anos recentes, vemos visitantes do Metropolitan Museum, em Nova York, darem prova de sua sofisticação urbana ao fazerem comentários pejorativos a respeito de *A feira de cavalos* e de sua criadora. Mas, uma vez afastada dos agora obsoletos valores do modernismo, a pintura pode ser considerada por aquilo que efetivamente é: um objeto infundido de temporalidades plurais, com sobrevivências e persistências que apontam para um futuro ainda a ser construído. Apesar de sua recepção calorosa pelo público burguês nos anos 1850, o quadro nunca foi uma obra de ruralismo regressivo. Moldada por sua educação socialista utópica, Bonheur fez de *A feira de cavalos* um retrato de espaços e entidades de seu presente (e também do nosso) que já estavam em contestação. Trata-se, enfaticamente, de um diagrama da cidade – os paralelepípedos do Boulevard de l'Hôpital, detalhados em primeiro plano, são a superfície sobre a qual a feira acontece, mas fazem pensar no uso contestatório que foi dado a essas pedras nas barricadas de poucos anos antes e apontam para sua disponibilidade também em tempos vindouros.

A cidade de Bonheur também é marcada pela presença do hospital da Salpêtrière, cuja cúpula, com sua fálica torre do relógio, impõe-se contra o céu. Esse lugar de confinamento é uma ilustração para toda uma esfera de administração dos binários e das identidades impostas, para a regulamentação da loucura e da sanidade, do gênero e, por extensão, do humano e do animal. A própria fuga de Bonheur em relação à normatividade de gênero se transmite na recusa da pintora em estabelecer contornos bem definidos entre os cavalos e seus cuidadores humanos, entre os quais há, provavelmente, um autorretrato. Removido da hierarquia humano-animal, o turbilhão centrípeto de corpos se transforma em um exuberante carnaval espaçotemporal de vitalidades e intensidades híbridas. Essa é uma cidade por vir, bastante distante da necrópole masculinista da era das máquinas na qual a animalidade é reprimida ou excluída. Duas décadas depois, as cronofotografias de cavalos de Eadweard Muybridge, produzidas sob patrocínio do magnata ferroviário Leland Stanford, viriam a ser arautos visuais da substituição da potência motriz animal pelas formas destruidoras de vida da locomoção e da combustão.

Hoje, em uma época de emergência terminal, a pintura insinua que a cidade do nosso presente alquebrado somente terá um futuro caso seja imaginada como um campo determinado por nossa colaboração com outras espécies, com a vida não humana e com a reconstrução pós-capitalista da biodiversidade. Os espectros da representação multiespécie de Bonheur indicam a necessidade de ecossistemas urbanos ainda a ser realizados, que consistirão em "paisagens de emaranhamento, corpos com outros corpos, tempos com outros tempos".[40]

---

40 Anna Tsing et al. (orgs.), *Arts of Living on a Damaged Planet*. Minneapolis: University of Minnesota Press, 2017, p. 7.

A extraordinária redescoberta, em 1994, da caverna de Chauvet, no sul da França, com suas pinturas atemporais de animais – inclusive cavalos –, pode ser vista ou como um golpe de sorte aleatório ou, e o que é mais útil, como a recuperação profética, em um momento de perigo extremo, de imagens de 30 mil anos atrás que afirmam uma humanidade que somente pode florescer se aceitar sua inseparabilidade do mundo da vida animal e não humano.

Independentemente de seus desfechos, as revoluções de 1848 foram decorrência de expectativas nutridas ao longo de várias décadas a respeito de uma sociedade mais igualitária, baseada na autogestão dos trabalhadores, em formas de assistência mútua e na rejeição da propriedade privada. As esperanças emancipatórias suscitadas pelas lutas da classe operária em 1848 coincidiram com a descoberta de ouro na Califórnia, um evento amplamente divulgado na Europa que fomentou um conjunto paralelo e bastante diferente de esperanças em torno das quais a felicidade poderia ser imaginada. Em meio aos milhares que viajaram para as regiões auríferas em busca de riqueza instantânea estavam alguns dos insurgentes derrotados das Jornadas de Junho e dos participantes desiludidos de comunidades fourieristas e icarianas na América do Norte.[41] Como Ernst Bloch explicou em *O princípio esperança*, um ser humano "é um ser de pulsões tão *cambiante* quanto amplo, um amontoado de desejos cambiantes e geralmente mal ordenados". Bloch mostrou que as próprias pulsões também são historicamente determinadas:

---

41 Cf. Malcolm J. Rohrbough, *Rush to Gold: The French and the California Gold Rush 1848-1854.* New Haven: Yale University Press, 2013.

mesmo no curso da história, com suas formas cambiantes, nas dimensões crescentes de atendimento à demanda, dificilmente alguma pulsão permanece a mesma e nenhuma delas se apresenta como acabada. Os novos objetos despertam cobiças e paixões de uma orientação diversa, das quais até ontem ninguém intuía nada. Por exemplo, a pulsão de aquisição, ela própria aliás adquirida, alcançou uma amplitude totalmente desconhecida em épocas pré-capitalistas.[42]

Nossa cultura contemporânea de bilionários tem raízes no século XIX, em suas imagens de riquezas facilmente acumuladas e nos desejos por elas despertados, com a realocação da esperança que antes estava lastreada em responsabilidades compartilhadas para um anseio individual por capital financeiro e simbólico.

Foi em meio às desigualdades e hierarquias de classe de uma sociedade de consumo em expansão que sonhos populares de riqueza assumiram contornos especificamente modernos, frequentemente provocados pelas mesmas experiências subjacentes de privação e de humilhação. A popularidade perene de *O conde de Monte Cristo*,[43] escrito por Alexandre Dumas em 1844, deriva de sua narrativa sedutora a respeito de uma vasta riqueza que permite a correção tardia de malfeitos e a punição dos agentes responsáveis por traição e injustiça – uma fórmula tantas vezes repetida. O romance de Dumas detalha como a recuperação

42 Ernst Bloch, *O princípio esperança*, v. 1, trad. Nélio Schneider. Rio de Janeiro: Contraponto, 2005, p. 53.
43 Alexandre Dumas, *O conde de Monte Cristo* [1844], trad. André Telles e Rodrigo Lacerda. Rio de Janeiro: Zahar, 2020.

de um tesouro escondido facilita um elaborado plano de desforra contra os indivíduos que conspiraram para condenar o protagonista a uma vida atrás das grades. Mas, no interior desse conto de vingança, reside uma narrativa sobre como uma fortuna imensa permite que Edmond Dantès, um marinheiro de poucos recursos e educação, volte figurativamente do mundo dos mortos e se remodele como plutocrata onipotente, aristocrático e multitalentoso. Uma das atrações centrais do texto está em como uma opulência ilimitada autoriza que o eu seja reinventado, adquira identidades plurais e tenha a seu dispor meios extraordinários de mobilidade e influência, bem como fontes de informação. O enredo espelha as transformações históricas da riqueza, que passa da tangibilidade do ouro, da prata e das pedras preciosas em direção aos instrumentos financeiros modernos da dívida e do crédito – as armas usadas pelo conde para humilhar e destruir um de seus inimigos.

Mas os devaneios incitados por histórias como *O conde de Monte Cristo* materializavam as realidades competitivas e implacáveis de um mundo em que o dinheiro e a economia de mercado contaminavam todos os aspectos da existência social, incluindo as esferas mais íntimas da família e da vida privada. Uma categoria diferente de ficção do século XIX, que vai de Balzac a Trollope, Galdós e James, continua a ser relevante por expor a insinuação arrepiante do dinheiro nos relacionamentos humanos. Uma das razões pelas quais esses romances são reveladores está em como eles observam a imposição dos valores capitalistas em uma época em que ainda existiam vestígios de códigos e condutas mais antigos e não monetários. Já em meados do século XX, a internalização completa de comportamentos e necessidades moldados pelo capitalismo frequentemente impedia que sua violência e toxicidade parecessem dignas de nota.

A educação sentimental de Flaubert, de 1869, tem poucos pares à sua altura na abordagem impiedosa de como desejos e esperanças são distorcidos em uma sociedade em que o dinheiro triunfa sobre tudo. Certa manhã, o errante Frédéric Moreau abre uma carta: trata-se de uma notificação legal que lhe informa sua condição de único herdeiro da considerável fortuna de seu tio. Imediatamente, Moreau calcula a renda anual proveniente do espólio e é transportado para uma visão das roupas, mobília, presentes e carruagens que agora pode comprar. "Essas imagens chegavam tão tumultuadas que ele sentia a cabeça rodar."[44] Mas essas expectativas delirantes são causadas menos por avareza e ambição social que pelo modo como essa riqueza permitirá o desenrolar de sua paixão por uma mulher casada. Amor e desejo são contaminados pela eficácia do dinheiro. Entre incontáveis exemplos, também poderíamos destacar o protagonista de *Almayer's Folly* [A loucura de Almayer], escrito por Joseph Conrad em 1895: um malogrado comerciante em Bornéu colonial cujo amor pela filha afastada leva à busca vã por uma mina de ouro perdida na floresta, que lhe permitiria custear um retorno triunfal à Europa. A perseguição febril da riqueza, motivada por um misto de amor, cobiça, racismo e ressentimento, se torna o remédio imaginário para uma vida pública e privada fracassada.

---

44 Gustave Flaubert, *A educação sentimental* [1869], trad. Rosa Freire d'Aguiar. São Paulo: Penguin-Companhia, 2017, p. 146.

Apesar da penetração do capitalismo em tantas camadas de nossas vidas, a maioria de nós sabe que esse processo não produz inevitavelmente sujeitos que agem exclusivamente com base em interesse próprio visando ao ganho privado. Contudo, na ausência de uma sociedade fundada na justiça econômica e na responsabilidade perante seus membros, o desejo por riqueza passa a ser a via padrão para a condução do cuidado e do amor pelos outros. Para além das vontades e aspirações individuais, a empatia pelas necessidades e privações sofridas por entes queridos, sejam eles crianças, parceiros ou amigos, passa a se vincular ao acaso impossível de um inesperado bilhete de loteria premiado, de ganhos em jogos de azar on-line ou de outros empreendimentos similares. Na canção de Patti Smith "Free Money" [Dinheiro grátis], de 1975, há um anseio pela gratificação que um bilhete premiado poderia trazer: a capacidade de comprar as coisas que a pessoa amada precisa e deseja. Já há um século e meio, o recurso inescapável do amor às ilusões do dinheiro tem sido um tema central da cultura popular.

Formas de pensamento mágico sempre acompanharam planos de enriquecimento, mas, como alguns teóricos sociais mostraram, a globalização neoliberal deu origem a várias "economias ocultistas" em quase todos os lugares.[45] As operações do capital financeiro propõem o espetáculo da riqueza aparentemente acumulada a partir do zero, do valor criado sem trabalho ou esforço, e com isso levam as pessoas comuns a enxergar "forças arcanas" que alimentam

---

45 Jean Comaroff e John Comaroff, *Millennial Capitalism and the Culture of Neoliberalism*. Durham: Duke University Press, 2001, pp. 22-26.

os fluxos de dinheiro direcionados aos muito ricos. Em todos os continentes encontramos um híbrido de religiões da prosperidade, formas de adivinhação, previsão do futuro ou esquemas rituais de pirâmide em que são investidas esperanças mercenárias. Graças a sua disponibilidade global, o complexo internético absorveu boa parte dessas economias sobrenaturais, assim como as emoções que as impulsionam. Como tudo o que ocorre no circuito sem fronteiras da internet é quantificado e, portanto, monetizável, muitas pessoas se agarram a uma convicção nebulosa de que a escalabilidade do on-line guarda em si possibilidades de riquezas dignas de loterias para um eu digital mercadorizado. Mas a realidade da internet está em sua eficiência em canalizar os minúsculos ativos de muitos em direção à carteira de investimentos de uma elite de poucos.

Muitos dizem que os bilionários não são o problema, que são um sintoma secundário de uma economia de mercado cujas dinâmicas não são diretamente administradas por ninguém. Entretanto, mesmo que esse seja um argumento com lógica, a sociopatia da classe bilionária global (com alguns de seus membros próximos de ser trilionários) produz um leque de consequências malignas. Uma cultura de o-vencedor-leva-tudo não é só incompatível com normas mínimas de justiça e democracia; ela também é sinônimo do desaparecimento dessas normas. A estrutura não regulada, e na prática sem lei, das finanças globais atrai e empodera uma nova categoria de criminosos e psicopatas, sobretudo agora, com restrições menores ou inexistentes à pilhagem da riqueza social e dos recursos naturais. Como um dos resultados da idolatria de bilionários pela mídia tradicional, aquele indivíduos nos escalões intermediários da hierarquia de classe devem de algum modo se adaptar a essa realidade social alucinada, enquanto aqueles no degrau mais baixo da escada global são submetidos ao sofrimento, à despossessão e à descartabilidade.

Estamos bastante distantes da "elite do poder" estadunidense que C. Wright Mills observou na década de 1950. Mills descreveu um estrato vagamente coeso e autorreplicante dentro do qual disparidades de riqueza eram compensadas por rituais compartilhados de socialização e mobilidade no interior de meios institucionais exclusivos. Essa classe também era moldada por ideologias e por imperativos políticos que inibiam a espoliação e a pilhagem indiscriminadas das riquezas e da indústria de seu próprio país. De lá para cá, a globalização permitiu o surgimento de um grupo variegado de bilionários transnacionais, definido apenas em função de seus rendimentos líquidos e livre da maioria das restrições legais e de responsabilidades que não se refiram apenas à aceleração da acumulação e à maximização do poder. As formas institucionais e espetaculares mediante as quais a cultura dos bilionários é valorizada e internalizada constituem meios fortemente efetivos de controle social. Um enorme fosso separa essa elite abastada da classe meritocrática – muito mais ampla – formada por aqueles que a servem, de forma direta ou não. Esta última é composta pelos zelosos funcionários do sistema bancário, dos serviços jurídicos, das finanças, da mídia e dos conglomerados de entretenimento, do design e da moda, das instituições de pesquisa e das universidades, das companhias de tecnologia de todos os tipos e de outros setores. A maioria dos que estão nesse estrato demográfico não nutre expectativas realistas de se tornar ultrarrica, mas sua fidelidade aos super-ricos, estimulada por uma proximidade intoxicante com as esferas de poder e regalias exorbitantes, é inabalável. Ciente de que a lealdade subserviente e o desprezo pelo sentimento e pela empatia lhe garantirão uma variedade de benefícios, essa classe superficialmente cosmopolita mantém uma relação próxima da vassalagem com as elites mais elevadas. A reconstrução das maiores cidades do mundo, onde a ostentação da riqueza extrema é entretecida à malha física do espaço urbano, serve para potencializar a relação imaginária dos indivíduos com esses ambientes rarefeitos e fortalecer ainda mais a obediência. E no entanto, apesar da incubação urbana dessa vassalagem, esses relacionamentos se desenrolam em uma extraterritorialidade, de modo divorciado de toda e qualquer comunidade que não seja de elite ou de realidades sociais mais amplas.

Reitere-se: a riqueza e o poder da classe bilionária estão estruturalmente interconectados com elementos-chave do complexo internético. Não é por mera coincidência que o controle das corporações dominantes de mídia e de tecnologia está nas mãos dessa pequena elite. A maioria das estratégias lucrativas de produção de riqueza ao longo das últimas duas décadas teria sido inconcebível sem a velocidade e os recursos computacionais das redes digitais avançadas, a expansão das criptomoedas, dos paraísos fiscais e dos esquemas *high-tech* de lavagem de dinheiro, e sem a permeabilidade entre os lucros advindos do tráfico de drogas, armas e humanos e reservas mais legítimas de riqueza. A realocação maciça da vida social, econômica e privada para sistemas e plataformas on-line vem impulsionando a concentração de riqueza. Com arranjos em que quase todos os gestos e olhares podem ser monetizados, é inevitável que as pessoas sejam incitadas a estar 24/7 diante de telas. Assim, uma das obrigações intermináveis dessa classe vassala é silenciar, excluir ou marginalizar todos aqueles que questionarem a necessidade social e os supostos benefícios dos produtos de mídia digital. Essas pessoas são a versão contemporânea do rebanho servil de escritores e comentadores que, notados pela primeira vez por Karl Mannheim e Max Weber, tinham – e ainda têm – como função principal a justificação e a consolidação da realidade existente.

A fachada de um sistema de coisas "que vieram para ficar" é defendida ferozmente contra a menor rejeição à cultura tecnológica corporativa e contra o consumismo compulsório que a sustenta. Graças aos cães de guarda integrantes da classe vassala, as oferendas *high-tech* de apenas um punhado de corporações gigantescas são dissimuladas como constitutivas de uma categoria abrangente de "tecnologias", e mesmo um desinteresse parcial por esses produtos é distorcido em uma forma de oposição a absolutamente todas as tecnologias ou em uma "vontade de voltar à natureza". Uma das prioridades é impedir a investigação de como as capacidades técnicas existentes poderiam ser remanejadas de maneira criativa por comunidades locais e regionais a fim de atender a necessidades humanas e ambientais, e não exclusivamente às exigências do capital e do império. A representação consistente da resistência aos atuais arranjos tecnológicos como nada mais que uma manifestação isolada de alguns poucos indivíduos descontentes revela o medo real compartilhado entre os plutocratas corporativos de uma rejeição de larga escala e de uma reação de classe à servidão *high-tech* imposta sobre o trabalho. O espantalho do tecnofóbico solitário é uma ficção ansiosa voltada a esconder o potencial insurrecional massivo de milhões de empregados mal remunerados em armazéns da Amazon, em lojas da Walmart, em frigoríficos industriais, em *call centers* e em muitos outros locais em que os trabalhadores são submetidos a regulações cada vez mais severas de seu tempo e suas atividades laborais e também são ameaçados pelo risco iminente de serem substituídos por robôs. O desconforto das elites é potencializado pelas muitas lutas em ambientes de trabalho que agora têm entrado em erupção ao redor do globo e que com frequência têm como alvo as tecnologias opressivas relacionadas à produtividade.

Como as evidências de desintegração social se tornaram impossíveis de ignorar nos últimos cinco anos, mais ou menos, a supervisão do discurso mais convencional sobre as tecnologias digitais e sobre as redes sociais tem sofrido algumas modificações. Passou a ser admissível, por exemplo, discutir consequências negativas específicas das várias formas com que usamos a internet e as redes sociais. Contudo, qualquer aspecto deletério apontado deve ser apresentado como remediável nos limites da operação continuada dos sistemas globais. As críticas podem ser formuladas sob o disfarce reformista de títulos intermináveis de livros ou de conteúdos de mídia que aderem à mesma fórmula geral do "Como as redes sociais são uma faca de dois gumes e como você pode aprender a usá-las para tornar sua vida e sua carreira mais recompensadoras e bem-sucedidas"; "Como a alfabetização midiática pode salvar nosso mundo conectado"; "Acolha o bom e evite o mau na era digital"; "Como construir uma relação saudável com a tecnologia" e "Como criar crianças que prosperam em um mundo conectado". De outro lado, sugestões de que um planeta habitável exigiria uma reformulação radical de nossas vidas e uma recusa dos produtos e serviços que levam ao crescimento e ao enriquecimento de megacorporações são inaceitáveis. É importante que reconheçamos as implicações mais ameaçadoras dessa onda de formulações aparentemente equilibradas. Indiretamente, elas são uma negação de representações benignas e igualitárias para a internet e um aviso maldisfarçado de que o complexo internético, assim como as demais esferas de atividade no capitalismo tardio, é um espaço competitivo ocupado por alguns poucos vencedores e uma grande multidão de perdedores. Os recursos e os benefícios acessíveis on-line passam a ser definidos pela escassez: ou seja, deixam de ser imediatamente alcançáveis, já não estão disponíveis para todos. Assim como o endividamento, a insegurança no trabalho e o desemprego intensificam a incerteza e o desespero, hoje a mensagem, devidamente reformulada, é a de que há recompensas a serem alcançadas na internet, mas que estão ao alcance apenas daqueles que se conformarem mais completamente às regras estabelecidas e aos comportamentos mercadológicos. É claro que, mesmo para os diligentes, não há garantias de imunidade contra o fracasso ou a descartabilidade.

Para as elites, a prioridade ainda é esta: manter as pessoas contidas nos limites das irrealidades aumentadas do complexo internético, dentro dos quais a experiência é fragmentada em um caleidoscópio de reivindicações de importância fugazes, de admoestações infinitas sobre como conduzir nossas vidas ou administrar nossos corpos, sobre o que comprar e a quem admirar ou temer. A separação e atomização da internet é potencializada pelas humilhações e pelos apequenamentos da cultura dos bilionários. Diferentemente de eras anteriores marcadas por injustiças extremas e disparidades econômicas, há pouco espaço para a emergência de novas solidariedades em torno das realidades e necessidades do conflito de classe. Contra nossos próprios interesses, capitulamos diante de sentimentos de impotência ou de "soluções" individuais ilusórias. A afirmação de Bloch de que a pulsão de aquisição apareceu há relativamente pouco tempo ao menos admite a possibilidade de que ela poderia voltar à inexistência ou ser modulada em algo diferente conforme as crises sociais se intensificassem. O sociólogo Norbert Elias, no entanto, oferece um complemento convincente para a ideia de que pulsões e desejos têm mudado de forma contínua ao longo da história. Ao escrever sobre o individualismo alienante endêmico da modernidade ocidental, Elias identifica uma pulsão humana que seria efetivamente trans-histórica ou inata. Ele insiste na necessidade humana mais básica "de um impulso de afeição e espontaneidade nos relacionamentos com os outros [...]. Seja qual for a forma que assuma, porém, essa necessidade emocional de companhia humana, o dar e receber das relações afetivas com outras pessoas, é uma das condições fundamentais da existência humana".[46] Os tecnomodernistas

---

46 Norbert Elias, *A sociedade dos indivíduos*, trad. Vera Ribeiro. Rio de Janeiro: Zahar, 1994, pp. 165-67.

sem dúvida dirão que a importância que se dá ao impulso de afeição é exagerada, que ansiar por ele seria algo nostálgico e sentimental e que existem os mais variados tipos de aplicativo e de simulação digital capazes de compensar sua indisponibilidade.

*Nesta sociedade que se desintegra, a esfera pública
e a esfera da intimidade atrofiam lado a lado.*
ALEXANDER KLUGE

Conforme o complexo internético se expande e se acumula, mais facetas de nossas vidas são canalizadas para dentro dos protocolos das redes digitais. O desastre está na incompatibilidade irremediável entre as operações on-line e a amizade, o amor, a comunidade, a compaixão, o livre desenrolar do desejo ou o compartilhamento da dúvida e da dor. Muitas dessas manifestações desaparecem ou são reformuladas em simulações esvaziadas, drenadas de singularidade e inefabilidade, permeadas pela ausência e pela superficialidade. Na internet não há alegria ou tristeza, beleza ou exuberância. Nela, encontramos poemas, mas não poesia. Como medir todas as consequências de um confinamento tão drástico da complexidade e da infinitude da potencialidade humana dentro da desolação e da monotonia dos sistemas digitais? A loucura e a violência dessa dissonância estão evidentes para quem quiser ver, mas, ao mesmo tempo, são ocultas pela crença delirante na inevitabilidade de que vivamos nossas vidas on-line, em ambientes em que nossas esperanças e energias são inexoravelmente dissipadas.

Nesse sentido, o complexo internético é uma continuidade de como o capitalismo vem há muito demandando uma formatação das

CAPÍTULO TRÊS

energias e emoções humanas em padrões moldados por exigências econômicas e disciplinares. Herbert Marcuse formulou uma abordagem bastante influente sobre esse processo:

> Subentendidas na organização social da existência humana estão as carências e necessidades libidinais básicas; superlativamente plásticas e maleáveis, são modeladas e utilizadas para "cimentar" a sociedade em questão. [...] os impulsos libidinais e sua satisfação (e deflexão) são coordenados com os interesses de dominação e, por conseguinte, convertem-se numa força estabilizadora que liga a maioria à minoria dominante.[1]

A repressão, escreveu Marcuse, poderia vir a se tornar tão eficiente que assumiria a forma ilusória de liberdade ou independência, e um dos exemplos que o autor oferece é o da submissão voluntária em massa aos "entretenimentos" da indústria cultural. Marcuse explicou como o "princípio de desempenho" induziu as pessoas a realizar de bom grado tipos preestabelecidos de trabalho ou funções socialmente necessárias em vez de seguirem seus próprios desejos e instintos. A afirmação de que o capitalismo gerencia a sociedade através da fusão entre tecnologia e subjugação, entre racionalidade e coerção, é um aspecto central de sua obra. "A tecnologia também garante a grande racionalização da não-liberdade do homem e demonstra a impossibilidade 'técnica' de a criatura ser autônoma, de determinar a sua

---

1 Herbert Marcuse, *Eros e civilização: uma interpretação filosófica do pensamento de Freud*, trad. Álvaro Cabral. Rio de Janeiro: Zahar, 1975, pp. 207-08.

própria vida."[2] Ao mesmo tempo, o autor defendia que a exploração capitalista da natureza estava danificando a aptidão humana para a sensualidade que é essencial para a imaginação e para a criação de ambientes sociais não opressivos.

Nos anos 1980, pós-modernistas de várias estirpes desdenharam da obra marcusiana e a caracterizaram como antiquada: a compreensão do poder como algo repressivo parecia uma heresia para todos os recém-cunhados acadêmicos foucaultianos. Para outros, Marcuse fora incapaz de perceber as possibilidades "lúdicas" e criativas da tecnologia. Depois de 1991, então, qual seria a importância de tudo isso, se o capitalismo veio para ficar? Apesar de todas essas críticas, Marcuse nos permite enxergar algumas das continuidades entre o complexo internético e alguns atributos arraigados do capitalismo que só fizeram crescer desde os anos 1960. Formas mais invasivas de racionalidade técnica produziram o que Bernard Stiegler vê como um fenômeno extremo de proletarização.[3] Com isso, Stiegler se refere à presente colonização da consciência, à homogeneização da experiência e à anestesia dos sentidos. Tanto os trabalhadores como os consumidores foram despossuídos – de seus conhecimentos, de suas habilidades comunicativas, de seus desejos.

Em meados da década de 1930, Edmund Husserl abordou as linhas gerais da predominância catastrófica de valores tecnocráticos na cultura intelectual europeia moderna. Em seu inacabado *A crise das ciências europeias*, Husserl

---

2 Id., *A ideologia da sociedade industrial: o homem unidimensional*, trad. Giasone Rebuá. Rio de Janeiro: Zahar, 1973, p. 154.

3 Cf. Bernard Stiegler, *The Decadence of Industrial Democracies*, trad. Daniel Ross. Cambridge: Polity, 2011, pp. 62-63.

põe de lado o formalismo rigoroso de seus textos anteriores para examinar aquilo que via como um cisma trágico entre ciência moderna e mundo da vida. Já passado dos 70 anos de vida e escrevendo após a implementação das racistas Leis de Nuremberg, proibido de lecionar e de publicar, Husserl tinha seu pessimismo agravado pelo isolamento social e pela fragilização de sua saúde. Apesar disso, *A crise* trata apenas indiretamente do pesadelo do nazismo que lhe era contemporâneo. Em vez disso, o texto se voltava para o "mal" e para a "barbárie" que resultam do racionalismo unilateral manifestado na matematização do mundo com vistas a objetivos que traíam o sonho europeu de uma Razão guiada pelo Espírito. Para Husserl, a crise consistia na transformação da ciência natural em mera "tecnicização". Quando a matemática "se torna [...] uma mera arte de, por meio de uma técnica calculatória segundo regras técnicas, obter resultados cujo efetivo sentido de verdade só é alcançável num pensar objetivamente intelectivo exercido efetivamente nos próprios temas",[4] ela deixa de se lastrear nos propósitos do mundo da vida. Husserl oferece uma série de caracterizações em linguagem corrente para aquilo que quer dizer com *Lebenswelt*: trata-se do mundo "como o horizonte universal, comum a todos os homens, de coisas efetivamente existentes. [...] um horizonte infinito aberto de homens que se podem encontrar e, então, entrar em conexão atual comigo e entre si". Ou seja, o mundo da vida

---

4 Edmund Husserl, *A crise das ciências europeias e a fenomenologia transcendental: uma introdução à filosofia fenomenológica* [1936], trad. Diogo Falcão Ferrer. Rio de Janeiro: Forense Universitária, 2012, p. 36.

jamais é privado, mas se constitui na vida e no trabalho contínuos da comunidade, que ocorrem através daquilo que pode ser conversado com os outros. Husserl insiste que "não estamos isolados no curso contínuo do nosso percepcionar do mundo, mas que neste temos também conexão com outros homens. [...] Assim, o mundo não é, de todo, existente somente para o homem isolado, mas para a comunidade humana e, na verdade, isso é assim já pelo tornar-se comum da simples percepção".[5]

Para Husserl, a percepção é um elemento dinâmico e constitutivo da experiência comum e compartilhada. O mundo da vida é incessantemente recriado por ajustes e afinações perceptuais originados do encontro de indivíduos em um meio comunal – uma reunião que é marcada pelos ritmos do dia, do trabalho e de descanso. Muitos outros autores também defenderam que o encontro, ou, nas palavras de Husserl, o ato de "entrar em conexão atual", é indispensável para que comunidades e formas de democracia sejam possíveis. Hannah Arendt foi uma defensora ardorosa da radicalidade dos primeiros conselhos de trabalhadores que emergiram durante a Revolução Francesa. Essas expressões provisórias de autogestão e participação igualitária surgem de modo espontâneo em momentos de crise e sublevação, como é o caso dos órgãos que tomaram corpo durante a Comuna de Paris, na Europa entre os anos de 1905 e 1919, no levante húngaro de 1956 e em outras ocasiões. Arendt também enaltece o formato das audiências públicas da Nova Inglaterra e lamenta que esse modelo não tenha conseguido se impor conforme os Estados

---

5   Ibid, pp. 133-34.

Unidos foram expandindo seu território a oeste.[6] Por mais antiquadas e ultrapassadas que possam parecer para alguns, as audiências públicas são uma manifestação da democracia direta que se baseia na tomada de decisões face a face e permite aos cidadãos apresentar quem eles são de forma aberta e sob um formato não hierarquizado. Tratava-se de um instrumento compreensivelmente temido e obstaculizado por James Madison e pelas primeiras elites estadunidenses. Juntos, as audiências públicas e os conselhos municipais propunham um vislumbre de governança comunitária de escala local fundada na participação, e não na passividade, na qual as escolhas que afetam o grupo não são delegadas para representantes ou para especialistas.

Assembleias informais de vizinhos ou de trabalhadores têm emergido de modo intermitente em meio a populações economicamente desfavorecidas no sul da Europa, na América Latina e em outras regiões do mundo como forças de mudança social e política externas às estruturas já estabelecidas. Um exemplo atraente é o do movimento zapatista no México, que ancorou as lutas políticas indígenas a formas tradicionais de democracia direta. É conhecido seu compromisso com o *encuentro*, uma reunião comunitária de grandes ou pequenas proporções em que acontece todo tipo de debate entre participantes em igualdade de posições. Esse formato é privilegiado porque nutre formas duradouras de interdependência de grupo e fortalece um senso de responsabilidade diante de decisões coletivas. Isso não impede o

---

6 Hannah Arendt, *Sobre a revolução* [1963], trad. Denise Bottmann. São Paulo: Companhia das Letras, 2011, pp. 298-301.

emprego de tecnologias de rede para outros tipos de comunicação, mas esses usos têm sido secundários em relação às trocas compartilhadas do *encuentro*.

Frequentemente, os leitores de *A sociedade do espetáculo* ignoram a admiração de Guy Debord pelos conselhos de trabalhadores e a defesa que o autor faz da forma conselho como um elemento vital para as lutas revolucionárias. Segundo ele, o poder dos conselhos consistia na "realização da comunicação direta *ativa*, na qual terminam a especialização, a hierarquia e a separação".[7] Debord foi apenas um dos vários autores para quem o encontro (*rencontre*) era essencial para a resistência à suspensão espetacular de um mundo da vida comum. O espetáculo, escreveu o autor, produz algo que pode ser descrito "como a organização sistemática da 'falha da faculdade de encontro', e como sua substituição por um *fato alucinatório social*: a falsa consciência do encontro, a 'ilusão do encontro'"[8]. Não é difícil enxergar que o complexo internético dá continuidade a acontecimentos que já estavam bem encaminhados nos anos 1960, mas as redes sociais de hoje executam uma erradicação ainda mais devastadora da comunidade.

Ainda que formas de comunicação mediada existam há milênios, foi só recentemente que os aparatos *tele-fônicos* e *tele-visuais* se tornaram extensões totalmente integradas das formas como nos comunicamos. A maioria desses objetos foi desenvolvida em resposta às necessidades de uma

---

7 Guy Debord, *A sociedade do espetáculo* [1988], trad. Estela dos Santos Abreu. Rio de Janeiro: Contraponto, 1997, p. 55.
8 Ibid., pp. 137-38.

economia global em expansão e de forças armadas que se modernizavam, mas, até meados do século xx, seus usos apenas complementavam padrões mais antigos de encontros e reuniões diretos entre seres humanos. Como Debord e outros observaram, formas espontâneas ou não programadas de estar juntos passaram a ser inconciliáveis com a racionalização da sociedade de consumo. Isso levou à supressão de assembleias políticas ou populares que ocorriam sem controles externos e à mercadorização dos espaços urbanos e das temporalidades da vida diária que acomodavam formas comuns de interação pessoal. Já há muito os tecnomodernistas menosprezam todo e qualquer apego a interações presenciais, que, segundo eles, são irrelevantes em meio a todas as novas ferramentas de "comunicação". Mas a verdade jamais dita é que encontros face a face implicam uma perda de tempo grande demais para que sejam compatíveis com as velocidades e eficiências financeiras das transações on-line, além de não oferecerem dados que possam ser imediatamente extraídos e utilizados.

O valor de um encontro face a face não tem nada a ver com uma noção descabida de sua autenticidade em contraste com a telemática ou com outros tipos de contato remoto, que são dotados de seus próprios atributos autênticos. A questão é que o contato direto entre seres humanos não se confunde nem pode ser comparado com a simples troca ou transmissão de palavras, imagens ou informações. Esse contato sempre está inundado de elementos não linguísticos e não visuais. Mesmo quando seus resultados são pouco inspiradores ou banais, os encontros face a face são uma base irredutível do mundo da vida e de sua comunalidade; trazem em si o possível surgimento de algo imprevisto que não tem nenhuma relação com a comunicação normativa. Encontros não acontecem em espaços vazios e tampouco estão limitados pelas bordas de uma tela. São uma imersão, a habitação de uma atmosfera, algo que, conscientemente ou não, afeta todos os sentidos. Esse tipo de encontro, essa proximidade, é literalmente uma *con-spiração*, um respirar juntos.

E, ainda assim, o sufocamento de nossa propensão a realizar encontros e das responsabilidades a eles relacionadas opera em vários níveis. Uma das forças que exacerbam essa debilitação é o uso generalizado de procedimentos de biometria e de técnicas similares para a conversão de comportamentos e respostas humanos em informações quantificáveis. Hoje, poucas partes do corpo e do cérebro escapam de ser submetidas a formas extraordinárias de monitoramento e análise, e uma meta importante dessa aquisição de dados é a criação e maximização de hábitos ligados a nosso uso das tecnologias de rede. Ao longo da última década, a biometria foi amplamente debatida e criticada, mas quase sempre no que diz respeito à vigilância, à criação de perfis de consumidores e ao policiamento digital. Neste capítulo, no entanto, centro meu interesse no destino daquilo que é a condição de existência e manutenção de um mundo da vida intersubjetivo: a voz, o rosto e o olhar. O capitalismo exige que esses elementos sejam apropriados e utilizados como parte do processo de enfraquecimento da aptidão dos indivíduos para o cuidado, a empatia ou a comunidade. A biometria aprofunda a habituação mais abrangente dos seres humanos à interface com sistemas de máquinas. O caráter reducionista dessas operações, sobretudo quando direcionadas à visão e à fala, leva a um estilhaçamento da base inter-humana de uma realidade social compartilhada.

A biometria se desenvolveu a partir da necessidade de coleta de informações sobre populações urbanas pouco definidas, principalmente no âmbito da organização do trabalho e das novas formas de policiamento e controle. A modernização social exigia que os indivíduos fossem cognoscíveis, visíveis e identificáveis. O ramo de pesquisas de laboratório conhecido como "psicofísica" tinha como base o princípio de que qualquer informação relevante a respeito de um sujeito humano poderia ser obtida por métodos quantitativos externos. Tudo aquilo que outrora fora associado à interioridade psicológica, como a mente ou a consciência, foi considerado dotado de uma base fisiológica mensurável. Esse processo está na origem daquilo que o historiador Andreas Bernard chama "o eu quantificado".[9]

O funcionamento da atenção era uma área de pesquisa já nos anos 1880. Tornara-se importante determinar suas capacidades e limites, saber em quantas coisas as pessoas conseguiam prestar atenção ao mesmo tempo e entender o que permitia aprimorar a concentração ou podia levar à distração. De início, esses estudos examinaram a atenção dos trabalhadores em linhas de montagem e, no começo do século XX, passaram à análise da eficiência da publicidade, de métodos de ensino ou de qualquer trabalho que dependesse de empregados alertas e vigilantes.[10] Isso potencializou o

---

9 Cf. Andreas Bernard, *The Triumph of Profiling: The Self in Digital Culture*, trad. Valentine Pakis. Cambridge: Polity, 2019.

10 Cf. o meu *Suspensões da percepção* [1999], trad. Tina Montenegro. São Paulo: Cosac Naify, 2013.

crescimento de empresas que viriam a se tornar as atuais indústrias de oculometria. Grandes máquinas desengonçadas começaram a ser usadas no começo dos anos 1930, mas hoje a miniaturização abre espaço para que softwares de acompanhamento dos movimentos oculares sejam implantados em quase todos os dispositivos ou lugares. Como uma grande quantidade de atividades econômicas depende do uso constante de interfaces digitais (nas escolas, nos ambientes de trabalho, nas forças armadas, no entretenimento e nos jogos eletrônicos), é óbvio o motivo de o olho ser, hoje, um local decisivo para a coleta de dados. Corporações de alta tecnologia modelam suas ambições ao redor de uma "economia da atenção" na qual o sucesso financeiro exige capturar o maior número de "olhares". Assim como, durante uma fase fundamental do capitalismo industrial, os estudos de tempos e movimentos e as técnicas de administração científica buscavam aprimorar a eficiência dos gestos e do trabalho do corpo, hoje o escrutínio do globo ocular está a serviço da administração da visão de um observador e do treinamento do olho como acessório de processamento de informações.

Foi somente no final do século XIX que o movimento dos olhos passou a ser objeto de estudo constante. O pesquisador francês Émile Javal é reconhecido como autor da primeira observação, realizada nos anos 1880, daquilo a que chamou de forma célebre de movimentos "sacádicos" do olho humano. As conotações desse termo em francês sugerem um movimento abrupto, hesitante, que avança aos solavancos – uma caracterização que só foi possível graças ao contexto da modernidade industrial. Por milhares de anos, observadores atentos do corpo estiveram cientes da motilidade vital dos olhos. Ainda assim, o movimento identificado por Javal suscitou pouco ou nenhum interesse nas ricas e diversas explicações a respeito do olho e da visão elaboradas por Aristóteles, Alhazém, Roger Bacon, Alquindi, Leonardo da Vinci, Kepler e muitos outros. Mesmo na modelação geométrica da visão de Dürer e Brunelleschi, nunca houve incompatibilidade entre a tendência do olho à tremulação e as concepções quantificáveis da percepção visual. Com o advento de ambientes saturados pelas muitas formas de movimentos repetitivos e precisos realizados por máquinas, porém, a atividade natural do olho parecia, assim como outros comportamentos do corpo, comparativamente errática e aleatória, tornando-se algo a ser corrigido.

Contudo, é graças ao movimento inquieto e rápido dos olhos (que ocorre entre dez e doze vezes por segundo) que continuamos a criar nosso mundo visual. Como apenas uma pequena área central da retina é capaz de um registro de clareza apurada, a maior parte daquilo que o olho vê é indistinto e vago. Ao alternar o tempo todo essa zona limitada de nitidez, sintetizamos uma imagem ilusória, mas coerente, de uma realidade externa que aparenta estar diante de nós. O movimento dos olhos é o encontro temporal do corpo com um mundo em estado de constante surgimento, um encontro em que memória, percepção e outros sentidos cooperam sem descontinuidades. Motivados por um turbilhão de interesses, expectativas, ansiedades e desejos, nossos olhos passeiam pelas superfícies do mundo ao nosso redor. Para o filósofo Henri Bergson, um observador jamais poderia ser entendido como "um ponto matemático no espaço". O ser humano, reforçava esse autor, seria um "centro de indeterminação" vivo, uma posição a partir da qual o mundo estaria em transformação perpétua, aberto à ação, à escolha e à possibilidade de liberdade. Tudo aquilo que minimizasse essa indeterminação ou rotinizasse a percepção seria uma forma de inibição da vida. Na busca por resistir à padronização da percepção e à regulação da atenção exigidas pela industrialização do trabalho e pelas novas tecnologias visuais, uma série de pensadores acompanhou as ideias de Bergson no século que se seguiu. O rastreamento dos movimentos oculares é, atualmente, uma parte desse projeto mais amplo e continuado de colonização.

Muitos supõem que o rastreamento dos movimentos oculares é uma forma intrusiva de vigilância biométrica que identifica e arquiva detalhes sobre aquilo para que olhamos. Mas a espionagem de indivíduos e de propensões pessoais não está entre os objetivos principais desse processo. Uma meta mais importante é a descoberta de padrões de larga escala em meio a estratos demográficos pré-definidos com vistas à financeirização das informações coletadas. Os dados de movimentos oculares são usados para mitigar algumas das incompatibilidades intrínsecas entre a visão humana e os ambientes visuais que hoje habitamos, e seu uso oferece aos designers a base analítica necessária para que guiem a visão em direção a formas adequadamente atentas de comportamento. O conhecimento acumulado sobre a atividade motora do olho (literalmente, as rotações de nossos globos oculares) é processado e empregado para maximizar a probabilidade de que um usuário "frequente" pontos ou sequências preestabelecidos de atração visual. Em outras palavras: quanto mais se souber sobre os padrões típicos dos movimentos oculares, sobre o que atrai o olhar e o que é evitado por ele, mais fácil será desenvolver de forma bem--sucedida atrações visuais que demandarão ou interagirão com a atenção visual. Assim, o uso efetivo de dispositivos de rastreamento de movimentos oculares não passa de um meio de aquisição de dados, de modo que é irrelevante a possibilidade de um usuário individual já ter sido "rastreado" ou não. Nossa preocupação deveria se ater ao fato de que todos nós habitamos e interagimos cada vez mais com mundos on-line fabricados para produzir respostas visuais predeterminadas e rotinizadas.

Segundo uma das principais empresas globais do ramo, o rastreamento de movimentos oculares proporciona "dados objetivos eloquentes que retratam o comportamento humano por trás da interação com interfaces ou produtos *e revelam a existência de um potencial para a otimização*".[11] Em certo sentido, essa concepção se assemelha a projetos mais antigos de persuasão – a indução a olhar para algo ou a comprar alguma coisa enquanto se mantém uma ilusão de que essas escolhas ou ações são autônomas. O rastreamento dos movimentos oculares registra muitos fenômenos, mas um dos mais importantes é o padrão estabelecido entre esses movimentos e os intervalos de relativa imobilidade, conhecidos como "fixações". Os programadores de softwares de rastreamento de movimentos oculares supõem erroneamente que, caso o olho seja direcionado para uma região em particular, mesmo que por um breve intervalo de tempo,

---

11 A companhia suíça Tobii é uma líder global em tecnologias de rastreio de movimentos oculares. Ênfase acrescentada.

isso se converterá em atenção. Uma suposição similar e igualmente incorreta é a de que há uma correlação entre o que está sendo olhado e o que está sendo pensado. Assim, para as necessidades do marketing digital e de outros setores de negócios, as complexidades da atenção são reduzidas a um modelo fisiológico de intervalos breves e desconectados de fixação motora do globo ocular.

A análise de movimentos oculares é importante sobretudo para a crescente indústria do design de experiência do usuário, conhecido como design de UX (*user experience*). Esse setor econômico em rápida expansão é responsável por muito daquilo que vemos on-line e pelos limitados modelos de atenção que estão na base de seus trabalhos de design. Uma empresa conta a seus clientes potenciais que está em busca da "criação de conexões emocionais no design de sites de declaração de impostos e de finanças pessoais. Se você consegue criar uma experiência de conexão com o usuário em um nível emocional, seu objetivo foi atingido". Assim como na maioria das grandes corporações, todo o design de UX da IBM é feito por funcionários próprios. Em sua divisão de "*e-commerce* cognitivo", a meta declarada é construir "um engajamento humano mais profundo [...]. Ao saber o que nossos clientes desejam antes que eles mesmo saibam, ao entender nuances de tom, sentimentos e condições ambientais, conseguimos manter os usuários engajados em um nível humano e oferecer a experiência adequada no momento perfeito para inspirar uma lealdade vitalícia". Outra empresa prestadora de serviços de design de UX anuncia ter produzido "experiências de pagamento mágicas e significativas" para sites de compras. O objetivo mais frequente do design de UX é a criação de interfaces "sem fricção, que não demandem esforços e sejam fáceis de usar", mas que gerem consumidores zelosos e complacentes. Aqui, "sem fricção" é sinônimo para a ausência de reflexão, pensamento ou dúvida.

Em seu *Principles of Psychology* [Princípios da psicologia], William James traça uma definição concisa e provisória: "experiência é aquilo a que eu aceito me dedicar"; o design de UX, por outro lado, é uma perversão dessa máxima para "experiência é aquilo a que nós dizemos que você deve se dedicar". James deplorava a redução da atenção a um mecanismo esvaziado de intencionalidade e insistia que ela poderia e deveria ter uma dimensão ética, estabelecida pelas escolhas e prioridades autoconscientes do indivíduo. Para ele, um campo compartilhado de experiências ganhava corpo graças à atenção voluntária de uma comunidade de indivíduos em evolução histórica. John Dewey foi mais longe em suas explicações detalhadas sobre a importância da experiência como forma de vitalidade aumentada, de "uma interpenetração completa entre o eu e o mundo".[12] A experiência, afirma Dewey, acontece não apenas em um ambiente, mas em razão dele, em função da interação com ele. Seria como respirar, "um ritmo de absorções e expulsões".[13] Para Dewey, a experiência era fundamentalmente transacional; sua obra rejeita a noção de que a experiência possa ser um produto subjetivo da consciência privada. Em vez disso, o fluxo e refluxo da vida ocorreriam em ambientes sociais em que "a experiência

12 John Dewey, *Experiência e natureza* [1925], trad. Murilo Otávio Rodrigues Paes Leme. São Paulo: Abril Cultural, 1974, p. 83.
13 Ibid., p. 139.

compartilhada é o maior dos bens humanos [...] um compartilhar pelo qual os significados são ampliados, aprofundados e consolidados no sentido da participação".[14]

O erro de Dewey, aqui, está em sua incapacidade de enxergar a incompatibilidade entre a evocação vívida do potencial criativo da experiência social e o funcionalismo tedioso das instituições que ele acreditava serem indispensáveis para o progresso econômico e científico. Hoje, no entanto, a possibilidade de uma vida comum de experiências diretas foi substituída pela receptividade passiva a fluxos de estímulos que nos são impostos de modo não consensual. De novo, o resultado é não tanto a aparição de novas formas de controle, que raramente são tão eficientes como se costuma supor, mas a debilitação de nossa capacidade (ou mesmo de nosso desejo) de estabelecer distinções perceptuais em ambientes vivos reais. Há muito menosprezada pelos filósofos acadêmicos, a experiência é o referencial mais acessível às pessoas comuns para que articulem como a ordem atual lhes impõe infelicidade, ansiedade, endividamento, saúde precária, solidão, vício e outras coisas ainda piores. Como William Blake compreendeu, é quando a experiência vira um inferno que as pessoas reconhecem a necessidade de transformação radical das condições de trabalho, vida e imaginação.[15]

O rastreamento de movimentos oculares é uma ferramenta essencial para os designers de UX porque indica quais são os atributos mais adequados à "captura do olhar" em uma tela ou em um ambiente controlado. Em geral, essa

---

14 Ibid., pp. 208-09.
15 De William Blake, "Vala, or the Four Zoas", datada de 1797.

característica se correlaciona com o que é registrado como a "primeira fixação" de um usuário. Ao mesmo tempo, esse fenômeno é cruzado com o "tempo de fixação", piscadas e padrões de rolagem de tela e de cliques, além de outras camadas de informações. A prioridade não é apenas direcionar o espectador para um objeto visual em particular, mas também canalizar nosso engajamento visual de um ponto de fixação para o próximo. É importante que nada seja visto por tempo demais, e é por isso que há um sequenciamento de atrações que por um breve período sustentam um "ponto focal" e, depois, levam a outro lugar. Paradoxalmente, um objeto visual capaz de "capturar o olhar" corresponde àquilo que é raso e desprovido de complexidade. É necessário que ele tenha alguns atributos perceptualmente atraentes, mas que logo sejam esvaziados de interesse. Igualmente importante é como o rastreamento ocular identifica e ajuda na eliminação de tudo aquilo que possa ser considerado confuso. É o caso de elementos de design dotados de algum grau de ambiguidade, de indistinção, de ininteligibilidade ou de outra qualidade capaz de frustrar uma apreensão perceptual fácil ou imediata. O rastreamento ocular detectaria uma hesitação, um tipo de "gagueira" dos movimentos oculares que, mesmo que relativamente breve, não possibilitaria uma fixação segura. Assim, tais fontes menores de incerteza e ambiguidade visual são corrigidas ou removidas a fim de que a "usabilidade" seja otimizada.

Apesar disso, a ambiguidade e a indistinção são fundamentais para nossa capacidade de traçar vários tipos de diferenciações visuais. Levaria tempo demais listar todos os artistas, poetas e pensadores que abordaram o tema da visão nos últimos quinhentos anos, de Leonardo da Vinci, Rembrandt e Goethe até Ruskin, Emerson, William James e Mallarmé, para os quais a indistinção e a obscuridade são elementos fundamentais da experiência visual, uma vez que se situam na fronteira entre a visão, o fluxo da memória e a criatividade dos devaneios. Hoje, entretanto, a interação imaginativa com informações visuais desconcertantes é incompatível com a integração eficiente do espectador às obrigações e temporalidades impostas pelas instituições neoliberais. Assim, as consequências mais perturbadoras do rastreamento ocular têm menos a ver com vigilância e privacidade que com o rebaixamento e a rotinização do olhar.

Um dos objetivos mais abrangentes do rastreamento ocular é o treinamento de um usuário-observador em padrões prováveis de desempenho. Tudo aquilo que encoraje a atenção prolongada ou mesmo estados parcialmente contemplativos é inaceitável em razão da quantidade indefinidamente maior de tempo que tais respostas podem tomar. Ao mesmo tempo, o movimento vacilante ou "errante" dos olhos é um comportamento a ser impedido ou corrigido. Frequentemente supomos que "surfar" na internet significa a possibilidade de seguir itinerários visuais aleatórios e desconhecidos, mas, na maioria dos casos, esse processo é apenas uma pseudoexploração que consiste, na verdade, em percorrer uma sequência previsível de pontos de fixação entremeados por padrões habituais de rolagem de tela e de cliques. Assim como a frase "navegar por um site", "surfar" sugere um meio aberto e aquoso, mas a realidade é a de itinerários repetitivos, desprovidos de correntezas ou imprevisibilidade. Do ponto de vista do indivíduo entediado, as horas gastas nesse percurso podem parecer um desperdício esporádico de tempo, mas esse é um tempo passado em um modo contemporâneo de trabalho informal que produz valor na forma de informações vendáveis para corporações e para interesses institucionais. O olho (e a mente) é dissuadido de vagar sem rumo, e o observador, impedido de se perder ou de escapar das tarefas visuais que lhe são impostas.

Em certo sentido, o rastreamento ocular é parte da persistência daquilo a que William Blake chamou "visão isolada", que ele ligava à estreiteza de uma compreensão newtoniana da realidade física e a um modelo lockeano da sensação. Uma das imagens mais conhecidas de Blake retrata Newton usando as duas pernas de um compasso para traçar um diagrama geométrico. Com o olhar fixo no espaço confinado daquilo que foi "circunscrito" pelo instrumento que tem em mãos, Newton, sentado, não consegue perceber a acachapante pluralidade sensorial do mundo e está tragicamente excluído dos poderes visionários inerentes a todo ser humano. Para Blake, a visão isolada era a atividade meramente mecânica do olho, afastado da interação com outros sentidos e com a imaginação. A separação dos sentidos, que depois Marx também descreveria, tornou-se parte integrante da industrialização da percepção que se acelerou no final do século XIX. Influenciado pelo enquadramento mitopoético de Blake, o cineasta Stan Brakhage percebeu, bem antes da internet, uma constrição similar dos sentidos nas técnicas contemporâneas para a administração da visão:

os olhos da maioria das pessoas caem em truques impostos por um certo grupo de indivíduos muito gananciosos, de modo que passam a se mover no interior de determinados canais de luz *regulamentada*. E a forma como essas pessoas caem nesses truques se deve ao fato de que elas não olham para as qualidades e variedades da luz. Elas são apenas treinadas para usá-la como algo que é refletido pelos objetos, pelo papel ou por placas; no fim, mesmo os objetos deixam de existir.[16]

Em seu funcionamento efetivo, mas também em sua denominação, o rastreamento ocular reflete a relação entre caça e caçador. Trata-se de uma tecnologia de perseguição voltada ao aprisionamento, como a frase "capturar o olhar" confirma. As possibilidades de que o olho continue fugidio ou permaneça autônomo são menores a cada nova geração de visores digitais. E alguns atributos específicos reforçam a afinidade entre o rastreamento ocular e a caça. O feixe de luz projetado por um LED sobre a pupila e a íris mira a estrutura radial do olho, literalmente um alvo composto de círculos concêntricos. Ao lado de muitas novas armas de fogo e de outros tipos de armamento, o rastreamento ocular se lança sobre o observador com uma mira infravermelha. O olho humano não consegue enxergar esse comprimento de onda e, assim, o corpo não se defende com o fechamento das pálpebras ou o desvio do olhar, como aconteceria em reação à luz branca intensa ou aos raios solares. Não produz uma resposta de "aversão" nem tampouco contração da pupila, o que também favorece a coleta de dados. Essa luz não só não pode ser vista

---

16 Stan Brakhage, "On Filming Light" [1974], in *Stan Brakhage: Interviews*, org. Suranjan Ganguly. Jackson: University Press of Mississippi, 2017, p. 56.

como também produz um calor que não pode ser sentido. A luz infravermelha aumenta a temperatura interna do olho e acaba por "cozinhá-lo" e por danificar seus tecidos. Estudos médicos indicam que a exposição ao infravermelho pode causar catarata, úlceras de córnea e queimaduras na retina. Não por coincidência, esse aspecto do rastreamento ocular corresponde a características das assim chamadas armas de energia dirigida, que se valem de comprimentos de onda específicos para causar danos ou destruição.

Ao longo de dezenas de milhares de anos, a evolução moldou a sensibilidade do olho à energia da luz natural; a anatomia do globo ocular se formou para coletar e direcionar os estímulos de certos comprimentos de onda para a retina. Durante quase toda a história humana, a luz visível, em todas as suas várias concepções, era a única parte conhecida do espectro óptico. Com poucas exceções, as culturas pré-modernas foram modeladas por uma consciência primitiva da luz como forma de energia que interage de modo poderoso com a matéria, como evidenciado pela dependência da vida vegetal com relação ao Sol. Sua aparente imaterialidade e, ao mesmo tempo, sua imediaticidade luminosa sensorial permitiram que a luz desempenhasse um papel decisivo nas cosmologias de quase todas as sociedades. Entendia-se que a luminosidade era dotada de poderes transformativos que, de forma consistente, se apresentavam como espirituais ou regenerativos. Mas, no Ocidente do século XIX, a luz visível perdeu seu privilégio ontológico e, de um ponto de vista científico, deixou de possuir uma identidade independente à medida que passou a ser concebida e manipulada como fenômeno eletromagnético.

Muitos fazem vista grossa às consequências fatídicas da rápida descoberta daquilo que hoje é em geral aceito como o espectro eletromagnético. De 1886 a 1914, houve uma aceleração do acúmulo de avanços de pesquisas que levou a algumas das fundações do mundo tecno-político-social que habitamos mais de um século depois. Um esboço apressado desses anos incluiria os trabalhos de Hertz (ondas eletromagnéticas), Roentgen (raios X), Becquerel e os Curie (radioatividade), Villard e, depois, Rutherford e Bohr (raios gama). Contudo, essas descobertas e a irreversível reconstrução da visibilidade que elas causaram não ocorreram de forma fortuita ou como parte de alguma busca desinteressada por mais conhecimentos científicos. Essa constelação familiar de nomes dá sustentação a uma narrativa popular de descobertas teóricas e práticas feitas por gênios individuais. Mas a realidade é a de indivíduos talentosos que trabalhavam no interior daquilo que Max Weber identificou como as "empresas do capitalismo estatal",[17] ou seja, dentro de novos complexos institucionais específicos aos estados-nação que então competiam pela dominação territorial e econômica em escala global.[18] A anexação do espectro eletromagnético coincidiu com a profissionalização e especialização da ciência e com as demandas do militarismo, do crescimento econômico e da expansão imperial por novas formas de energia, comunicação e destruição. Sem dúvida,

---

17 Max Weber, "Ciência como vocação" [1987], trad. Marcelo Rondinelli, in André Botelho (org.), *Sociologia – Essencial*. São Paulo: Penguin-Companhia, 2013, p. 392.

18 Cf. Eric J. Hobsbawm, *A era dos impérios, 1875-1914*, trad. Sieni Maria Campos e Yolanda Steidel de Toledo. São Paulo: Paz e Terra, 2013, pp. 377-403.

um dos acontecimentos mais importantes desse período entre 1886 e 1914 foi a investigação das propriedades radioativas do urânio. Por uma multiplicidade de caminhos, esses achados viriam a culminar, mais de duas décadas mais tarde, no descobrimento da fissão nuclear e na fabricação de uma bomba atômica. Agora, no século XXI, a maior parte da vida se desenrola em um ambiente saturado por energia radiante invisível, incluindo aquela das redes sem fio, cujas ondas de rádio reformulam cada vez mais facetas da vida pessoal e institucional. E, o que é mais importante, esses acontecimentos abriram caminho para as indústrias do controle social e da violência letal em massa que têm como base a vulnerabilidade do corpo e sua incapacidade de defesa contra o escaneamento, o monitoramento, a focalização e a irradiação. Essa desproteção priva a percepção humana da possibilidade de se reconhecer como uma abertura e um estar diante do mundo; em vez disso, amplifica a condição do olho como local de intervenção externa.

O escaneamento de íris é outra tecnologia que está frequentemente aliada, em um mesmo dispositivo, ao rastreamento ocular. Também ele se vale da luz infravermelha para produzir uma imagem digital com precisão superior à das imagens compostas pela luz visível. Trata-se de uma das várias formas de identificação biométrica a ser vendidas e implementadas por todo o planeta. A íris humana preenche os requisitos padrão de um marcador biométrico: universalidade (todos temos íris), permanência (ela não muda no decorrer da vida), unicidade (toda íris é diferente) e acessibilidade (capacidade de ser registrada). De fato, esse uso da íris foi proposto pela primeira vez por um dos criadores dos procedimentos biométricos, o policial parisiense Alphonse Bertillon. Em um artigo de pesquisa de 1892, Bertillon observou a potencial utilidade da íris como biomarcador, embora soubesse que as técnicas de produção de imagens da época eram inadequadas para o emprego do método.[19] Foi só nos anos 1990 que produtos de escaneamento de íris ganharam ampla disponibilidade e, até 2016, mais de um bilhão de imagens já haviam sido criadas.

Até um passado muito recente, o exterior do olho, com a íris como seu atributo mais vívido, era dotado de significados culturais que faziam dele um elemento definidor de encontros face a face. Por milhares de anos, em muitas culturas diferentes, a íris representou a presença, no corpo, de uma vivacidade cromática bruxuleante que se assemelhava a fenômenos naturais, como arco-íris ou flores. Contudo, e ao contrário da ocorrência fugaz de um arco-íris ou da transitoriedade das flores, a íris persiste no corpo por toda a vida. Um olhar compartilhado sempre mantém a promessa de um vislumbre de iridescência, seja entre amigos, amantes ou desconhecidos. Nem opaca nem transparente, a íris e suas cores esquivas cintilam e, em seu deslumbramento gentil, algum mistério acaba por ser guardado no coração do outro. É também a íris, com seus músculos contráteis, que faz o ajuste constante do tamanho da pupila a fim de controlar a quantidade de luz que entra no olho. Ela responde de maneira rítmica à iluminação ou ao escurecimento do mundo. Em meio às flutuações de luz, a aparência da íris, sua trans-

---

19 Alphonse Bertillon, "Tableau des nuances de l'iris humain". *Bulletin de la Société d'Anthropologie de Paris*, v. 3, n. 1, 1892, pp. 384-87.

lucidez aquosa, modula e resiste à estabilização cromática. Quantas vezes notamos, sob uma luz diferente, as mudanças na cor dos olhos de pessoas que conhecemos bem? Uma das maravilhas da íris está no fato de que, para um observador, ela nunca é idêntica a si mesma: suas cores não são estáticas e, portanto, são impossuíveis. Hegel, em seu *Curso de estética*, ressaltou o brilho singular da íris e declarou que ela jamais poderia ser reproduzida com autenticidade pela arte.

Contudo, alguns artistas não se intimidaram em tentar se aproximar da beleza da íris. A historiadora da arte Hanneke Grootenboer examinou uma tendência de vida curta do final do século XVIII e começo do século XIX: pinturas em miniatura que representavam um único olho.[20] Essas aquarelas pintadas em marfim e frequentemente enquadradas por molduras cravejadas de joias eram trocadas entre amantes e familiares como retratos íntimos e sentimentais a serem usados como pingentes ou broches. Elas abarcavam a totalidade do olho e a sobrancelha, mas a reprodução cromática da íris era fundamental para que produzissem efeito. Grootenboer vê esses artefatos como evidência de um modelo alternativo de visualidade, em que a reciprocidade de olhares é experimentada com uma intimidade extraordinária. Trata-se daquilo a que a autora chama "uma visão íntima", na qual a contemplação do olho do outro se abre tanto para uma familiaridade celebrada como para uma beleza enigmática. O ecologista Paul Shepard observou a importância evolutiva do olho humano, com sua íris, como

---

20 Hanneke Grootenboer, *Treasuring the Gaze: Intimate Visions in Late Eighteenth-Century Eye Miniatures*. Chicago: University of Chicago Press, 2012.

órgão de comunicação, em acréscimo a suas funções receptivas. "Colocada diante de um fundo branco, a íris colorida é um dos atributos mais atraentes da fisionomia humana."[21] Entre pessoas no momento de apresentação de si, os olhos oferecem e recebem informações; Shepard salienta, ainda, que macacos, cães e até mesmo alguns pássaros são atraídos pelo olho e pela íris humanos. "Mais que qualquer outro fator isolado, a comunicação com os olhos transcende as barreiras profundas da comunicação entre espécies."

O zoólogo suíço Adolf Portmann fornece um referencial mais amplo para que consideremos a coloração da íris. Ao rejeitar explicações funcionalistas baseadas na seleção natural, Portmann propõe que "a aparência de todo organismo vivo serve a um propósito fundamental: autoexpressão e autoprojeção".[22] Anos de pesquisa levaram Portmann à assombrosa hipótese de que o mundo vivo, com sua riqueza infinita de cores e formas, "é projetado para ser visto". Escrita nos anos 1950, quando suposições positivistas sobre o estudo da natureza quase não eram objeto de questionamento, sua obra buscou uma compreensão holística da interconexão sensorial em uma Terra insuflada de vida. Ao mesmo tempo, Portmann foi um dos poucos a lamentar a disseminação de um analfabetismo visual causado por mídias reprodutivas (como as revistas *National Geographic* e programas de televisão sobre a vida selvagem) e por estilos de vida exclusivamente urbanos que resultavam em um distanciamento em

---

21 Paul Shepard, *Man in the Landscape: A Historic View of the Esthetics of Nature*. College Station: Texas A&M University Press, 1967, p. 20.

22 Adolf Portmann, "The Seeing Eye". *Landscape: Magazine of Human Geography*, v. 9, n. 1, 1959.

relação a um mundo da vida não humano. Desde então, essa alienação de nossos sentidos diante do mundo foi imensuravelmente potencializada pela onipresença de todo tipo de imagens geradas por computador. Hoje, por exemplo, podemos acessar com facilidade fotografias ampliadas e de definição ultra-alta da íris que revelam incontáveis detalhes impossíveis de serem vistos em um encontro direto – e, ainda assim, para a maior parte dos espectadores, isso não passa de mera curiosidade, algo esvaziado de tudo o que poderia ser sentido em uma proximidade vivida e interpessoal.

Uma funcionalidade particular do rastreamento ocular é a coleta de dados sobre quais cores e combinações de cores e elementos gráficos capturam mais ou menos olhares – informações que são, então, empregadas na administração da percepção e da reação dos usuários. Pesquisas sobre cores e comportamentos, sobretudo no campo da publicidade, não são exatamente algo novo, mas o que mudou foi nosso engajamento 24/7 com os ambientes cromáticos das telas e dos visores. A ubiquidade da eletroluminescência debilitou nossa capacidade e até mesmo nossa motivação para ver, de modo atento ou mais constante, as cores da realidade física. A habituação ao brilho dos visores digitais tornou nossa percepção das cores indiferente e insensível à fugacidade delicada dos ambientes vivos.

Por dezenas de milhares de anos, a existência humana foi vivida ao redor do ritmo incessante de dias que se tornavam noites que se tornavam dias. Cada manhã era um florescer e um recolorir do mundo após um intervalo de escuridão iluminada, às vezes, pelas estrelas ou pela lua. Entretanto, a suspensão noturna das cores não é uma realidade objetiva.

Os fotorreceptores que nos possibilitam ver as cores não funcionam com poucas quantidades de luz, e os bastonetes que nos permitem ver na quase escuridão são insensíveis às cores. Assim, esse ritmo incessante de coloração e de escurecimento é uma experiência específica da resposta de nossos corpos à rotação diária da Terra. É por essa razão que o crepúsculo sempre foi uma parte especial dessas passagens entre dia e noite. O ocaso é um intervalo que aumenta nossa sensibilidade à transição entre a luminosidade solar direta e o brilho indireto e lentamente minguante do céu. Esse é um período em que a intensificação das cores pode ser sentida com todos os nossos sentidos. A cor está em relação de continuidade com nossa sensibilidade tátil às inflexões do ar, aos sons, aos odores e a uma consciência corporal de que também pássaros, outros animais e a vegetação estão sintonizados com esse evento diário. Durante todos os milhares de anos da pré-modernidade e da pré-história, aquilo que pensamos sobre as cores jamais poderia ter sido separado dessa interação de sentidos e da presença vital de outras formas coexistentes de vida.[23] Foi somente nos últimos séculos, e começando pelo Ocidente, que a redução da cor exclusivamente a suas propriedades ópticas teve lugar e que a noção fragmentária de um pôr do sol ou de uma paisagem se tornou concebível como um espetáculo visual desvinculado de um observador distanciado.

A invenção de cores artificiais em meados do século XIX teve consequências de longo alcance. Não é por coincidência que a produção de larga escala de pigmentos sintéticos

---

23 Cf. Francisco Varela et al., *The Embodied Mind: Cognitive Experience and Human Experience*. Cambridge: MIT Press, 1993, p. 163.

altamente lucrativos na década de 1860 deu origem a con-glomerados da indústria química – desde a IG Farben e a BASF até a Dow, a Dupont e a Sinopec – que têm danificado e obliterado a vida no planeta ao longo dos últimos cem anos. A industrialização da cor está historicamente entrelaçada com a criação de plásticos, herbicidas, pesticidas, bifenilas policloradas (PCBs), policloreto de vinila (PVC) e inumerá-veis outros compostos que vêm envenenando nossas águas, nosso ar, nossos solos e nossos oceanos. Movida pela expan-são da produção de mercadorias e pela ascensão do consumo em massa, a proliferação de cores fabricadas é parte de uma realocação maior da experiência sensorial de acordo com as necessidades e os valores de uma economia capitalista. As cores sintéticas se aliam às técnicas de atração, convocação e persuasão. Por volta de 1900, o sociólogo Georg Simmel observou em um texto que, quando nada está isento de ser monetizado ou trocado, estamos condenados a um mundo esvaziado de cores, despojado daquela malha tramada com todos os momentos de vida intensa e de quieto júbilo que nascem principalmente da mutualidade e da intimidade. "Na medida em que o dinheiro, com sua ausência de cor e indiferença, se alça a denominador comum de todos os va-lores, ele se torna o mais terrível nivelador, ele corrói irre-mediavelmente o núcleo das coisas, sua peculiaridade, seu valor específico, sua incomparabilidade."[24]

A caracterização penetrante de Simmel continua ade-quada a nosso próprio presente, no qual somos envolvidos

---

24 Georg Simmel, "As grandes cidades e a vida do espírito" [1903], trad. Leopoldo Waizbort. *Mana*, v. 11, n. 2, out. 2005, p. 582.

pela nulidade algorítmica da eletroluminescência. Perdemos a capacidade de apreensão direta da interconexão frágil entre todas as coisas vivas. O engajamento 24/7 com telas nos anestesiou tão completamente que perdemos a capacidade sensorial de experimentar a nós mesmos como parte da matriz viva da existência terrestre.[25] Como David Abram e outros alertaram, perdemos nossa compreensão corpórea do mundo e de seus ritmos e já não estamos sinestesicamente imersos em ambientes vivos.[26] Podemos deplorar de forma abstrata os milhões de vidas e de espécies tornados dispensáveis pelo capitalismo ou a devastação de ecossistemas de que dependemos, mas nos agarramos a nossas rotinas on-line descorporificadas e à ilusão de que o complexo internético, por algum motivo, não é um dos principais agentes da catástrofe.

Muitos acreditam que nossa preocupação principal deveria se voltar aos objetivos intrusivos e violadores de privacidade da biometria. No entanto, o clamor atual contra o "capitalismo de vigilância" precisa ser transparente: seu alvo não é o capitalismo, mas os supostos excessos e violações que teriam sido impostos a um sistema fundamentalmente reformável e indispensável. Trata-se de uma deflexão crítica que reafirma a necessidade dos arranjos subjacentes existentes. A intensificação de nossa ansiedade com a privacidade on-line, com a mineração corporativa de dados e com ameaças como *malwares* ou ataques de negação de serviço só apro-

---

25 David Abram, *The Spell of the Sensuous: Perception and Language in a More--Than-Human World*. New York: Random House, 1997.
26 Boaventura de Sousa Santos, *O fim do império cognitivo: a afirmação das epistemologias do Sul*. Belo Horizonte: Autêntica, 2019, pp. 143-44.

funda nosso investimento na lógica de separação social e nas premissas paranoides da cibersegurança. Graças à própria arquitetura da internet, nunca haverá privacidade on-line para os indivíduos; mesmo assim, espera-se que acreditemos que leis de garantia da privacidade surgirão um dia, que os atuais abusos serão superados e que seremos capazes de reivindicar a ficção tranquilizadora de uma internet "nossa" que, na verdade, nunca existiu. Somos levados a nos identificar ainda mais com nossos dados, nossos históricos de pesquisa, nossas senhas. As demandas por segredo, anonimização, encriptação e *firewalls* deformam todos os aspectos de nossas vidas on-line e solapam a manutenção de valores democráticos ou comunitários. A cibersegurança e o desgaste de um sem-fim de atualizações de software se transformam em uma parte normalizada da vida diária. Uma empresa de segurança de computadores divulga seus produtos da seguinte maneira: "O novo espaço de ameaças que habitamos exige confiança zero. A segurança de confiança zero supõe que agentes nocivos já existem tanto dentro como fora da rede. Assim, a confiança deve ser completamente removida da equação".

O reconhecimento facial é uma das tecnologias centrais para a indústria biométrica global, e uma grande parte dos debates críticos sobre o tema trata da privacidade, da falta de precisão nas identificações, de vieses raciais e de seu uso para a avaliação em sistemas de "crédito social". Entretanto, em acréscimo à identificação de um indivíduo específico com base na conferência de uma "impressão facial" arquivada, há outros usos significativos para esses recursos, sobretudo em tecnologias de reconhecimento de emoções ou no que é chamado de "computação afetiva". Uma grande empresa oferece softwares para "a coleta de dados, sincronização, visualização e análise integradas em combinação com outros sensores e tecnologias, como rastreamento ocular, resposta galvânica da pele, eletroencefalogramas, análise de expressões faciais e muito mais em um único sistema computacional". Uma das metas é a indicação dos estados emocionais de quem estiver sendo observado, frequentemente por meio de categorias como felicidade, tristeza, surpresa, raiva, medo, nojo e desprezo, além de dezenas de expressões secundárias. Corporações com nomes como *Affectiva*, *Emotient* [Emociente] e *Beyond Verbal* [Além do verbal] estão desenvolvendo formas de "codificação facial" ou "inteligência artificial de emoções" para a análise de expressões faciais em tempo real. Nas palavras de um dos materiais de divulgação de uma empresa, "agora dispomos de uma forma poderosa para entender respostas não filtradas dos usuários" por meio da medição momento a momento de reações a vídeos e anúncios digitais. É possível identificar, por exemplo, os anúncios que geram as melhores respostas emocionais após repetidas visualizações ou os comportamentos filmados de personalidades midiáticas que garantem que mais espectadores acompanhem conteúdos futuros. O uso dessas aplicações para o design de jogos eletrônicos a fim de maximizar o potencial para o vício é igualmente importante. Mais uma vez, como já reforçamos na análise sobre o rastreamento ocular, as consequências da computação afetiva começam a empobrecer as vidas de todos nós, independentemente de estarmos ou não sujeitos individualmente a essas técnicas. Elas são apenas um aspecto da homogeneização e da mecanização redutivas da emoção que o capitalismo neoliberal exige.

A análise de sorrisos é particularmente importante para o design de produtos ou conteúdos que têm como objetivo provocar respostas prazerosas. Há softwares capazes de detectar todo tipo de sorrisos e, sobretudo, de indicar quando um "limiar de sorriso" é atingido por diferentes estímulos. Esse escrutínio computacional do rosto também consegue interpretar microexpressões, como as oscilações da atividade motora involuntária que podem, por exemplo, ocultar a expressão de uma emoção ou simular uma emoção que não sentimos. Existem scanners para a detecção de expressões faciais assimétricas, como em traços sutis de um sorriso debochado ou de caretas. Diferentemente de sorrisos simétricos, considerados indicativos de felicidade e deleite, sorrisos assimétricos (nos quais os lábios ficam mais elevados em um dos lados da face) supostamente revelam uma "valência negativa" que pode incluir manifestações como consternação, provocações ou ceticismo. Ao mesmo tempo, a análise computacional dos sorrisos é uma ferramenta importante para o design de robôs ou avatares digitais, a fim de dotá-los de expressões críveis e aparentemente genuínas. Nas palavras de uma empresa de robótica, o objetivo é "infundi-los de inteligência emocional e torná-los verdadeiramente sociais". O que um dia foi parte do pano de fundo vital da vida diária, isto é, as formas como nos apresentamos para os outros, é realocado para funcionalidades entorpecidas e degradantes. Conforme expandimos nossas interações e tratamos as máquinas como se fossem dotadas de rostos, vozes ou ambos, modelos vazios de emoção e expressão começam a se alastrar por um número imenso de situações. A questão não é que estamos nos tornando máquinas ou nos comportando de forma inautêntica. Em vez disso, estamos à beira de perder a capacidade ou mesmo o interesse em nos engajarmos com o olhar ou a voz do outro como objetos de cuidado ou reflexão íntima.

Os historiadores Jean-Jacques Courtine e Claudine Haroche mostraram como, no Ocidente, o rosto tem sido um terreno de disputa em torno do qual diferentes práticas de apresentação de si se desenvolveram.[27] Conforme noções modernas de individualidade vieram à tona, sobretudo no século XVII, o rosto, com todas as suas possibilidades de expressão, passou a demandar autocontrole e um maior conhecimento de si. Como as expressões faciais poderiam acabar por revelar ou expor o íntimo de alguém, passou a ser importante aprender novas formas de torná-las opacas ou inescrutáveis. Novos ambientes sociais exigiram a capacidade de modular as expressões a fim de ocultar sentimentos reais ou de simular falsas emoções. A começar pelas sociedades de corte, os indivíduos aprenderam quais expressões eram apropriadas a situações sociais específicas e quais eram aceitáveis em situações privadas e mais íntimas. Ao longo desse período, produziram-se conhecimentos que ofereciam formas de compreender e interpretar semblantes. Contudo, para Courtine e Haroche, a disseminação das fotografias e o advento da sociedade de massas no final do século XIX representaram uma mudança radical. A ubiquidade das imagens fotográficas em mídias de todos os tipos, o surgimento de novas regularidades e tipologias e a anonimidade e atomização da vida urbana moderna di-

---

[27] Jean-Jacques Courtine e Claudine Haroche, *História do rosto: exprimir e calar as emoções*, trad. Marcus Penchel. Petrópolis: Vozes, 2016.

minuíram a relevância daquilo que poderia ser derivado de encontros diretos.

Mais de um século depois, com a ascensão das neurociências, das redes sociais e de inteligências artificiais com as capacidades que acabamos de analisar, está em curso um processo de evicção da atenção individual antes voltada àquilo que a teórica social Avery Gordon descreve como "pessoalidade complexa".[28] Os bilhões de imagens de rostos na publicidade on-line e nas redes sociais, a maioria deles sorridente, compõem uma superfície desoladora e infindável definida por uma concepção bastante restrita, ainda que vaga, de "agradabilidade". É claro, esse fenômeno está em relação de reciprocidade com o amplo empreendimento corporativo de reconhecimentos facial e de voz: um escrutínio realizado principalmente para determinar e aprimorar a atratividade de serviços e produtos. O que é mais perturbador não é a mercadorização dos sentimentos nem a perspectiva sinistra de controle comportamental. Trata-se, isso sim, dos destroços de formações sociais de outrora, em que a compreensão e a vivência com o outro, com a unicidade e as indeterminações dos rostos e das vozes, eram valorizadas. Estamos perdendo a capacidade de ver um rosto ou de ouvir uma voz em suas profundidades temporais, de apreender as marcas e os sons de experiências acumuladas ao longo de toda uma vida. A crítica Sigrid Weigel escreveu sobre como os vestígios profundos deixados no rosto humano pela perda, pela tristeza, pelo amor, pela perseverança ou pela

---

28 Avery Gordon, *Ghostly Matters: Haunting and the Sociological Imagination*. Minneapolis: University of Minnesota Press, 1997, pp. 4-5.

resignação são supérfluos e, portanto, ilegíveis para a análise de emoções por máquinas.[29] E, o que é mais importante, esses vestígios gravados por uma vida que deixa marcas em todos nós estão se tornando cada vez mais imperceptíveis para pessoas habituadas a trocas on-line amnésicas e quase automatizadas.

Desde o começo do século XX, o rosto tem sido tema de grande significância crítica e ética. No contexto tanto da fragmentação crescente da vida urbana como da Primeira Guerra Mundial, com seus milhões de massacrados e mutilados, o rosto convidava a uma nova avaliação e mesmo santificação, evidenciadas de maneiras variadas nos escritos de Georg Simmel, Rainer Maria Rilke, Max Picard, Martin Buber, Franz Rosenzweig e, mais tarde, depois da Segunda Guerra Mundial, na obra de Emmanuel Levinas. Mas, no interior do campo ideológico em disputa das primeiras décadas do século XX, defesas da unicidade do indivíduo no seio da sociedade de massas ou reflexões sobre a noção de pessoalidade eram com frequência descartadas como expressões de um humanismo burguês ou de uma desilusão antimoderna. Contudo, em meio às atuais incorporações do rosto aos mecanismos da vigilância e do marketing digitais e à superficialidade das redes sociais, algumas dessas meditações iniciais reverberam com relevância prolongada. Há uma longa história do rosto-como-imagem, seja ele o de Cristo, da branquitude, do monarca ou tirano. Já no começo do século XX, o despotismo do rosto havia sido assimilado às

---

29 Sigrid Weigel, "Phantom Images: Face and Feeling in the Age of Brain Imaging". *Kritische Berichte*, v. 40, n. 1, jan. 2012.

formas dominantes do espetáculo e da cultura das celebridades, mas, dentro desse *continuum* opressivo do rosto-como-imagem, o rosto vivo do sofrimento, do desamparo ou do não branco é constantemente apagado.

Para Martin Buber, o rosto era importante como elemento de definição de um encontro humano em que a fala (ou a recusa da fala) era possível. Segundo Buber, o que estava no âmago da vida era a concretude de um encontro que ocasionasse o diálogo ou preservasse sua possibilidade. O diálogo era crucial para a construção ou manutenção do viver juntos em comunidade. A progressiva defesa que Buber faz de um socialismo comunitário derivou de seu envolvimento contínuo com as obras de Proudhon, Marx, Kropótkin, Landauer e Lênin, assim como com as experiências da Comuna de Paris, de cooperativas de trabalhadores e dos primeiros *kibutzim*. Trabalhar juntos e conviver exigiam de todos os envolvidos um nível de responsabilidade compartilhada, mas isso somente poderia ocorrer de forma significativa como resposta àquilo que *faz face* a alguém em uma situação vivida. Assim, havia uma obrigação de resistência à interação com o rosto como imagem ou à escuta desatenta da fala. O olhar, afirmava Buber, "habita o terreno dos eventos". Toda situação viva exibe um novo rosto que nunca existira até então e que nunca se repetirá.

Ao contrário do que pretendem algumas distorções da obra de Buber, não há nada de místico ou suavemente reconfortante em sua noção de encontro. Os encontros podem acontecer entre desconhecidos ou inimigos da mesma forma como ocorrem entre vizinhos, colegas de trabalho ou amantes, entre duas pessoas ou dentro de um grupo; o encontro é simplesmente uma pré-condição inescapável para a manutenção da conectividade humana: "mas é melhor a violência sobre um ente realmente vivenciado do que a solicitude fantástica para com números sem face".[30] O diálogo é uma abertura não para algum encontro rousseauniano de almas, mas para a possibilidade contingente de "relação viva e mútua"[31] em um mundo estilhaçado. Como Buber insistiria, a mutualidade seria sempre incompleta, nunca poderia ser plena, assim como a comunidade de que ela era parte fundacional sempre corresponderia a um projeto inacabado e em curso. Buber reconhecia prontamente que gastamos a maior parte de nossas vidas em um "mundo do Isso" de instituições e mercados nos quais o desejo pelo ganho e a vontade de poder são forças naturais e inevitáveis. Mas, ao longo da história, o "mundo do Isso" despersonalizado vinha sendo mitigado por formas comunais de vida em que cuidado, suporte mútuo e festividades eram valorizados e preservados. Ainda assim, Buber temia que a modernidade tecnológica acabasse por invadir essas esferas de tal forma que "o inter-humano [seria] ameaçado em sua própria existência".[32]

O valor da obra de Buber não está no grau de sua originalidade, mas na clareza com que ela articula aquilo que é intuitivamente sabido ou percebido por muitos – ela é dotada da familiaridade e da força epifânica do lugar-comum. É também por isso que Buber continua a ser menosprezado ou

---

30 Martin Buber, *Eu e Tu* [1923], trad. Newton Aquiles von Zuber. São Paulo: Centauro, 1977, p. 27.
31 Ibid., p. 69.
32 Id., *The Knowledge of Man*, trad. Maurice Friedman, London: Allen and Unwin, 1965, p. 67.

descartado por muitos filósofos acadêmicos, para os quais sua acessibilidade é um demérito. Esses estudiosos o comparam de modo desfavorável a Emmanuel Levinas, cuja teoria ética é exaltada, em parte, por sua obscuridade "desafiadora". O fragmento de Heráclito que nos diz "ser o cosmo, para os acordados, uno e igual, enquanto, dos que estão deitados, cada qual se volta para seu cosmo particular"[33] foi esclarecedor tanto para Buber como para outros pensadores. Agora, com a despossessão e a instrumentalização do rosto, da voz e do olhar, há uma desativação adicional das habilidades mais básicas mediante as quais o comum pode ser invocado.

No início dos anos 1990, Giorgio Agamben antecipou essa despossessão avassaladora como o encerramento da própria possibilidade do discurso dialógico, uma violência ao "ser linguístico do homem". Também Agamben cita o "cosmo uno e igual" de Heráclito como prefácio a sua abordagem dos efeitos da mídia global e das redes de computadores: "o que está sendo expropriado é a própria possibilidade de um bem comum".[34] Nesse escrito anterior à difusão generalizada da cultura de internet, Agamben salienta o rebaixamento do rosto como uma das formas pelas quais a linguagem é desfigurada e esvaziada de sua eficácia social. Em um ensaio que se vale da obra de um dos colaboradores de Buber, Franz Rosenzweig, Agamben declara: "o rosto é o único lugar da comunidade [...]. A revelação do rosto é revelação da própria

---

33 Heráclito, *Fragmentos contextualizados*, trad. Alexandre Costa. Rio de Janeiro: Difel, 2002, p. 202.

34 Giorgio Agamben, *Meios sem fim: notas sobre política* [1996], trad. Davi Pessoa. Belo Horizonte: Autêntica, 2015, p. 76.

linguagem".[35] Ao apontar para a exploração e o empobrecimento do rosto pela publicidade, pela pornografia e por muitos outros domínios, Agamben afirma que ele é o objeto de "uma guerra civil planetária, cujo campo de batalha é toda a vida social [...] cujas vítimas são todos os povos da terra". Hoje, passados 25 anos desde essa reflexão, não há limites para o grau em que o olhar, a voz e o rosto podem ser separados dos espaços sociais e de associações interpessoais. Esses elementos são transformados em objetos de monitoramento e análise voltados a uma pluralidade de propósitos e usos, mas a meta geral é a assimilação sem percalços dos humanos nos sistemas e nas operações das máquinas – um objetivo que exige o estreitamento e a padronização de nossas reações diante de pessoas, eventos e trocas de vários tipos.

Há hoje um uso crescente da análise de voz para identificar o estado emocional do falante por meio dos atributos sonoros de amplitude, timbre, tom, velocidade e volume, o que permite quantificar quão "positivo" ou "negativo" um falante se sente quanto ao tema em discussão ou a seus interlocutores. Conforme mais plataformas começam a ser controláveis por voz, a fala humana passa a ser processada como informação comportamental, e vozes robóticas são programadas para simular interações emocionais com os usuários enquanto continuam a ser reiteradamente aprimoradas para parecerem mais "agradáveis" e "confiáveis". "Assistentes pessoais" criam ciclos de retroalimentação em que uma máquina é capaz de modificar seu desempenho com base em determinações de humor ou de sentimentos.

35 Ibid, p. 85.

Há na cultura popular muitas caracterizações de conversas entre humanos e robôs, a maioria delas otimista ou cômica, a ponto de trivializar o fenômeno. Ouvimos o tempo inteiro que as máquinas estão se tornando mais humanas – uma afirmação absurda e despropositada, já que pressupõe uma noção neoliberal/corporativa do que significa ser "humano".

A maior parte das inúmeras nuances de como palavras podem ser articuladas e organizadas se torna irrelevante em transações maquínicas, apesar da modelagem supostamente "realista" da fala robótica. À medida que as vozes de máquinas se disseminam, perdemos a sensibilidade para distinguir sons desprovidos de vida, simulados, das vocalizações encarnadas de um ser humano. O conteúdo significativo da fala humana é inseparável de seu desempenho corporal: o ritmo da respiração, os movimentos das cordas vocais e dos músculos da laringe, as ações da boca e da língua. Por milhares de anos, um de nossos principais meios de compreensão dos outros tem sido nossa sensibilidade intuitiva àquilo que é transmitido pelas ressonâncias e vibrações de uma voz viva. Agora, quando conversamos com robôs, involuntariamente estreitamos e diminuímos o intervalo de expressividade de nossas próprias palavras, e há um atrofiamento da singularidade e da espontaneidade em muitas de nossas outras interações verbais. Hoje, uma afirmação equivale frequentemente ao aperto de um botão liga/desliga. Mas e daí?, alguns dirão: não é verdade que a linguagem sempre foi uma práxis, uma forma de fazer as coisas? Essa réplica é ou ingênua ou cínica, pois ignora o poderoso circuito institucional e financeiro dentro do qual as palavras faladas são agora mobilizadas e empregadas por procedimentos baseados em dados.

É claro que a expropriação e o esgotamento da fala não são uma novidade. As eras do rádio e da televisão sem dúvida acostumaram as pessoas ao som de mentiras sendo bradadas por vozes esvaziadas de propósito humano, mas agora esse processo acontece em uma escala imensa e programática. O finado compositor islandês Jóhann Jóhannsson preparou em 2016 uma obra a partir de registros de transmissões de rádio de ondas curtas realizadas durante a Guerra Fria através das assim chamadas "emissoras de números", estações usadas pelas agências de inteligência para transmitir mensagens em código durante as décadas de 1960 e 1970. Na composição "A Song for Europa" [Uma canção para Europa], ouvimos a voz mecânica e achatada de uma jovem que repete sequências aparentemente aleatórias de números. A essa declamação desoladora, Johansson contrapõe um padrão harmônico elegíaco crescente tocado por uma orquestra de cordas que realça não apenas a captura e a despersonalização da voz da garota, mas também os modos mais amplos com que as formas modernas de poder ferem os elementos mais preciosos e vulneráveis da conectividade humana.

A prevalência dessas trocas inanimadas e repetitivas prejudica ainda mais a aptidão ou a paciência das pessoas diante das frustrações e da inconclusividade dos encontros, da fala e do estar com o outro. Nos últimos cinquenta anos, uma grande parte do mundo se habituou às formas monetizadas de comunicação que isolam o falante ou o remetente em circuitos controláveis e de mão única. Ao mesmo tempo, a internet alimentou uma cultura de intromissão e exposição: tudo aquilo que é considerado digno de ser conhecido a respeito de alguém pode ser rapidamente buscado e encontrado. Tudo o que poderia ter sido aprendido sobre o outro ao longo do tempo ou conquistado graças a um mutualismo ou à confidência é desprovido de valor ou relevância monetários. Estamos perdendo a possibilidade de escutar; de deparar, de maneira tolerante, com um estranho, alguém desamparado, alguém que não ofereça nada de útil a nosso interesse pessoal. Somos ainda menos capazes de entender as dificuldades de estar presentes com alguém ou de aceitar que o diálogo pode ser uma abertura não para a conexão ou para o companheirismo, mas para a incognoscibilidade do outro. As formas de redes sociais projetadas pelas grandes corporações eliminaram a possibilidade de uma relação ética com a alteridade e com a angústia. De vários modos, somos induzidos ou forçados a seguir as rotinas de trabalho e lazer digitais e a nos alinhar com suas mediocridades e seu caráter tedioso. Como o agrimensor de Kafka, estamos convencidos de que nossos objetivos e aspirações podem ser alcançados através de uma conformação obediente e entorpecedora aos preceitos e regulamentos de um sistema que sabemos ser pernicioso.[36] Aquiescemos por passividade e conveniência, e com o tempo passamos a ter pensamentos e gestos que já não são nossos.

36 Cf. Günther Anders, *Kafka: pró e contra*, trad. Modesto Carone. São Paulo: Cosac Naify, 2007.

Vivemos cercados por aquilo que o filósofo Adi Ophir chama de "males supérfluos", aquelas muitas formas de sofrimento intolerável que poderiam ser evitadas mas que persistem de modo deliberado ou por negligência.[37] Dadas as brutalidades e injustiças que hoje assolam a Terra, há quem possa achar que as consequências éticas de técnicas de escaneamento do olhar, do rosto e da voz são algo de importância secundária. Se, no entanto, não estivermos atentos a como os imperativos neoliberais estão danificando o tecido íntimo que sustenta o inter-humano, acabaremos cada vez menos capazes de manter ou mesmo de dar início às lutas de maior escala contra a guerra imperial, o terror econômico, o racismo, a violência sexual e o desastre ambiental. Com uma capacidade enfraquecida para responder aos outros, não há possibilidade de adesão a um senso de responsabilidade mútua nem existe motivação para abandonar as escassas compensações proporcionadas pela insularidade digital.

Um dos fenômenos mais notados e, agora, banalizados da vida urbana contemporânea é a multidão atomizada de indivíduos que, um por um, parecem absorvidos pelo conteúdo de suas telas. Essas cenas tão familiares, vistas em todos os ambientes coletivos e de reunião, amplificam a implosão dos espaços públicos e constituem uma demonstração ritual da recusa de comunidade exigida pelo neoliberalismo. São um sinal da perda do encontro, do desaparecimento de um mundo da vida baseado na indispensabilidade de "estar com o outro". Ainda assim, somos informados de

---

37 Adi Ophir, *The Order of Evils: Toward an Ontology of Morals*, trad. Rela Mazali e Havi Carel. New York: Zone Books, 2005, pp. 515-16.

que se trata apenas de um efeito colateral importuno e inconsequente do funcionamento produtivo de nossa era digital, ao qual temos que nos acostumar, e ouvimos que comportamentos como esse serão atenuados com o tempo. Essa fragmentação do mundo social tem como base a obrigatoriedade da demonstração de que sempre nos falta tempo, de que estamos ocupados com nós mesmos. Aquilo que de fato está sendo feito – seja olhar para a tela, trabalhar, enviar mensagens de texto, fazer compras, surfar na internet, ouvir alguma coisa, jogar, tanto faz – é irrelevante. O resultado é a aquiescência em massa a uma arquitetura imaterial de separação que é sustentada pela simulação de atividades que estão a serviço de si mesmas e de indiferença a tudo que é externo a essa performance. Nessas circunstâncias, há uma disposição niilista a deixar o mundo desabar. Trata-se de uma insularidade sem os benefícios concretos da solidão verdadeira; uma pseudoprivatização de espaços públicos, mas sem privacidade. Como é óbvio, o capitalismo deu origem a muitas configurações de alienação social e de separação, como mostraram pensadores que vão de Georg Simmel e Émile Durkheim a Guy Debord e Richard Sennett. Mas, mesmo na era da "multidão solitária" de meados do século XX, os espaços públicos ainda estavam carregados de um potencial para o inesperado ou o imprevisível, com a possibilidade de ocorrências, encontros ou conversas fortuitos que, hoje, estão cada vez mais interditados.

A psicopatologia da atual celularização do espaço público foi antevista pela pesquisa clínica de Eugène Minkowski nos anos 1930, em que formas disseminadas de doença mental foram caracterizadas como "uma perda de contato vital com a realidade".[38] De modo mais explícito, Minkowski viu essa condição como a perda da capacidade para a compaixão, "que é o aspecto mais natural e mais humano de nossas vidas". Em um indivíduo não afetado, escreveu o autor, a compaixão envolve todas as percepções como uma "margem viva" que permite que nossas respostas à convivência com os outros sejam "elásticas, maleáveis e humanas". A oscilação dessa margem, dessa percepção tanto sensorial como ética do mundo na periferia do que quer que possamos estar fazendo, é colocada em risco pela imersão diária em buscas egoístas e privatizadas. O atrofiamento do cuidado e da atenção com o outro amplifica o "entretenimento unilateral" e o "autismo generalizado" que moldam a maior parte de nossas atividades on-line.[39]

Claramente, a neutralização da compaixão e a perda de um senso de responsabilidade refletem a desintegração maior do arcabouço moral da vida diária. Ao lado de todas as ferramentas para o reconhecimento de rostos, vozes e emoções, nossas próprias capacidades para o reconhecimento do humano começam a falhar. O filósofo Paolo Virno examinou algumas das consequências do fato singular de que "o animal humano é capaz de não reconhecer outro animal humano como alguém de sua própria espécie. Os casos extremos, do canibalismo aos genocídios coloniais e europeus, são um atestado poderoso dessa possibilidade

38 Eugène Minkowski, *Lived Time: Phenomenological and Psychopathological Studies*, trad. Nancy Metzel. Evanston: Northwestern University Press, 1979.
39 As duas expressões são de G. Debord, *A sociedade do espetáculo*, op. cit., p. 140.

permanente".[40] Para Virno, esse não reconhecimento é o limite a partir do qual a possibilidade da existência de uma sociedade começa a desmoronar. A onipresença de espaços coletivamente ocupados marcados pela indiferença à proximidade com os outros é inseparável do desastre da terra arrasada do presente. Esse fenômeno passa a ser uma afinação negativa a um mundo que já não é compartilhado.

Os espaços públicos, segundo Alberto Pérez-Gómez, foram historicamente ambientes em que um humor englobante reuniu um grupo, permitiu que a ação fosse vivida como dotada de propósito e possibilitou que os indivíduos se sentissem parte de um todo maior.[41] Entretanto, o humor ou a atmosfera dos espaços sociais hoje atomizados são inquietantes, palpavelmente tóxicos e ainda mais corrosivos do que aparentam na superfície. Há uma dissipação cumulativa da curiosidade quanto à alteridade ou à plenitude prodigiosa da vida não humana. A experiência é reduzida àquilo que pode ser instantaneamente buscado on-line. O teórico marxista Ernst Lohoff explorou os parâmetros violentos da vida em uma realidade pautada pelo mercado e que descarta a sociedade para se tornar apenas um composto de indivíduos que competem pelo sucesso e pela sobrevivência por conta própria, não importa a que custo. "A loucura que não poupa ninguém – ter que existir como um sujeito autossuficiente – se traduz no impulso insano de defender essa forma inabitável de existência por

---

40 Paolo Virno, *Multitude: Between Innovation and Negation*, trad. Isabella Bertoletti. Los Angeles: Semiotext(e), 2008, pp. 181-82.

41 Alberto Pérez-Gómez, *Attunement: Architectural Meaning After the Crisis of Modern Science*. Cambridge: MIT Press, 2016, pp. 28-30.

qualquer meio necessário, e até mesmo com uma arma na mão."[42] A subjugação individual ao mercado é, desse modo, marcada por delírios de autonomia e, no entanto, se funda em uma impotência concreta. A racionalização e a economização completa das relações sociais "criam uma estufa em que seu oposto imanente, a irracionalidade, sempre já carregada de violência, floresce".

É notável que, em um momento de perigos sem precedentes para o futuro do planeta e para a própria sobrevivência de humanos e animais, tantas pessoas optem por se confinar voluntariamente em armários digitais dessecados e concebidos por um punhado de corporações sociocidas. Rotas para um mundo diferente não serão encontradas nas ferramentas de busca da internet. No lugar disso, precisamos da investigação e da receptividade criativas frente a todos os recursos e práticas desenvolvidos no curso dos milhares de anos da longa história das sociedades humanas. Há reservas enormes de conhecimentos e de ideias de todas as eras – sobretudo no Sul global e entre os povos indígenas – a respeito de técnicas de subsistência e do cultivo da comunidade que precisam ser recuperadas e adaptadas às necessidades do presente. Estratégias realistas de resistência também exigem a invenção de novos modos de vida. É preciso que haja uma reformulação radical do pensamento sobre quais são nossas necessidades, sobre a redescoberta de nossos desejos para além da enxurrada de anseios superficiais que são promovidos de modo tão incessante. Atualmente, nossa

---

42 Ernst Lohoff, "Violence as the Order of Things" [2003]. *Mediations*, v. 27, 2013-14.

forma principal de nos comunicamos uns com os outros se dá por aquilo que compramos, pelo capital simbólico mesquinho que lutamos para adquirir sob influência da inveja ou da necessidade de estima. Seria um erro menosprezar a obstinação da dependência individual em relação à distinção social que emana de recursos de marca voltados para o consumo, mas também há evidências encorajadoras de que o apego às posses materiais e ao status social pode se dissipar rapidamente em tempos de crise e de emergência. Para aqueles que têm filhos, isso significa abandonar as expectativas desesperadas que as novas gerações hoje carregam de que competirão com seus semelhantes por sucesso individual e, no lugar disso, oferecer a elas a esperança de um futuro habitável construído e compartilhado em comum.

Mas essas são apenas tarefas preliminares, uma preparação necessária para desafios mais difíceis que encontraremos adiante. Cada região ou comunidade transfronteiriça determinará seus próprios rumos, mas, como muitos agora percebem com clareza, os projetos mais urgentes incluirão a expansão da produção e da distribuição locais de comida, a disponibilização de serviços básicos de saúde e de paramédicos, a proteção de mananciais de água potável e a reformulação igualitária do estoque habitacional existente. Tanto inovação visionária como engenhosidade pragmática serão necessárias para a reorganização de bairros de cidades, para a reivindicação de espaços abandonados, para a descoberta de novos usos para ferramentas e materiais já existentes e para a ampliação da economia de trocas. Igualmente importante será uma nova concepção para os vínculos entre humanos e animais, com o resgate do que houver sobrado de biodiversidade e com a recuperação do espírito de festivais e de artes definidas pela participação em grupo.

Ao escrever no final dos anos 1950 e com um conjunto diferente de antagonismos em jogo, Jean-Paul Sartre argumentou que a escassez é a base para toda a história humana. "A História nasce de um brusco desequilíbrio que fissura a sociedade em todos os planos",[43] escreveu ele. A violência intrínseca da escassez organizada produz "o fato insuportável da reciprocidade rompida e da utilização sistemática da humanidade do homem para realizar a destruição do humano".[44] Neste momento, a crescente escassez causada pelo capitalismo de terra arrasada está colocando em risco a sobrevivência de bilhões de pessoas e de outras formas de vida em nosso planeta. O desequilíbrio social extremo, as privações assassinas e a devastação de habitats essenciais para a vida são resultado daquilo que Sartre chama de "práxis do Outro". Mas ele reforçava que a resposta a essa violência pode ser a "ação comum" de grupos e comunidades que conseguem reerguer, ainda que de modo provisório, a base de sustentação das relações humanas, até então debilitada. Indivíduos isolados podem chegar à descoberta da "invenção individual da ação comum como único meio de alcançar o objetivo comum".[45] Muito embora esteja atravessado por trincas e fissuras irreparáveis, o capitalismo global ainda se mantém de pé graças aos indivíduos que se agarram a suas próprias existências apartadas, suas privacidades, suas

---

43 Jean-Paul Sartre, *Crítica da razão dialética, v. 1: Teoria dos conjuntos práticos*, trad. Guilherme Teixeira. Rio de Janeiro: DP&A, 2002, p. 238.
44 Ibid., p. 345.
45 Ibid., p. 485.

liberdades com relação aos outros e seus medos de tudo o que seja comunal. O complexo internético continua a produzir essas subjetividades solitárias em massa, a barrar formas cooperativas de associação e a dissolver possibilidades de reciprocidade e de responsabilidade coletiva. O limiar de um mundo pós-capitalista não está longe – está a, no máximo, algumas décadas de distância. Mas, a menos que haja uma prefiguração ativa de novas comunidades e formações aptas à autogovernança igualitária, à propriedade compartilhada e ao cuidado de seus membros mais fracos, o pós-capitalismo será um novo campo de barbarismos, despotismos regionais e coisas ainda piores, no qual a escassez assumirá formas inimagináveis de selvageria. Sartre enxergou que as insurgências que vinham à tona demonstravam uma capacidade única de se libertar da subserviência aos "aparelhos antissociais" e de transformar a passividade e o isolamento em novas formas de solidariedade. Ao responder a um estado de emergência, disse Sartre, o grupo revolucionário é capaz de definir suas próprias temporalidades e de determinar "a rapidez com a qual o futuro vem a ele".[46] Hoje, mais de meio século depois, em meio à incineração e à pilhagem de nosso mundo da vida, nos resta pouco tempo para comparecer ao encontro marcado com um futuro de novas formas de viver na Terra e uns com os outros.

46 Ibid., p. 488.

AGRADECIMENTOS

Agradeço a Sebastian Budgen e a seus colegas da Verso Books pelo apoio constante a meu trabalho. Pelo auxílio e pelos comentários de muitos tipos, minha gratidão e minha estima vão para Hal Foster, Ron Clark, Federico Campagna, Andreas Malm, para o finado Bernard Stiegler, Michael Hardt, Yves Citton, Étienne Jollet, Sarah Cook, Jonathan Reekie, Cosima Dannoritzer, Ana Rovati, Uta Barth, Canada Choate, Tim Melley, Ruth Patir, Tali Keren, Greg Saunier e o Deerhoof, Jon Wozencroft, Fergus Daly e Katherine Waugh, Brooke Holloway, Emmelyn Rosen-Butterfield, Marc Gottlieb, Michael Witt, Alyson Ogasian, Xueli Wang, Amy Powell, Eli Keller, Amity Law, Matt Kennedy, Cynthia Williams, Isabelle Kalander, John Ledger e Guillermo Garcia. Um muito obrigado especial para minha família e por toda a ajuda e o encorajamento que me oferecem.

SOBRE O AUTOR

Jonathan Crary nasceu em 1951, em New Haven, nos Estados Unidos. Graduou-se em história da arte na Universidade Columbia, onde concluiu o doutorado na mesma área, em 1987. Em 1973, realizou mestrado em artes visuais no San Francisco Art Institute, onde estudou cinema e fotografia. Entre 1983 e 1985, lecionou no Departamento de Artes Visuais da Universidade da Califórnia em San Diego. Desde 1989 ocupa a cátedra Meyer Schapiro de teoria e arte moderna na Universidade Columbia. Foi professor visitante nas universidades Princeton e Harvard e é membro do Instituto de Estudos Avançados da Universidade Princeton. Colabora nas revistas *Artforum*, *October*, *Cahiers du cinéma*, *Domus* e *Village Voice*, entre outras. Foi um dos fundadores da editora Zone Books, que publicou autores como Michel Foucault, Gilles Deleuze e Giorgio Agamben. Recebeu prêmios de grande prestígio como Guggenheim, Getty, Mellon e National Endowment for the Arts.

OBRAS SELECIONADAS

Técnicas do observador: visão e modernidade no século XIX [1990], trad. Verrah Chamma. Rio de Janeiro: Contraponto, 2012.

Suspensões da percepção: atenção, espetáculo e cultura moderna [1999], trad. Tina Montenegro. São Paulo: Cosac Naify, 2013.

24/7: capitalismo tardio e os fins do sono [2013], trad. Joaquim Toledo Jr. São Paulo: Ubu Editora, 2016.

COLEÇÃO EXIT Como pensar as questões do século XXI? A coleção Exit é um espaço editorial que busca identificar e analisar criticamente vários temas do mundo contemporâneo. Novas ferramentas das ciências humanas, da arte e da tecnologia são convocadas para reflexões de ponta sobre fenômenos ainda pouco nomeados, com o objetivo de pensar saídas para a complexidade da vida hoje.

LEIA TAMBÉM

*24/7 – capitalismo tardio
e os fins do sono*
Jonathan Crary

*Reinvenção da intimidade –
políticas do sofrimento cotidiano*
Christian Dunker

Os pecados secretos da economia
Deirdre McCloskey

Esperando Foucault, ainda
Marshall Sahlins

Desobedecer
Frédéric Gros

*Big Tech – a ascensão dos dados
e a morte da política*
Evgeny Morozov

Depois do futuro
Franco Berardi

*Diante de Gaia – oito conferências
sobre a natureza no Antropoceno*
Bruno Latour

Tecnodiversidade
Yuk Hui

*Genética neoliberal –
uma crítica antropológica da
psicologia evolucionista*
Susan McKinnon

*Políticas da imagem – vigilância e
resistência na dadosfera*
Giselle Beiguelman

Happycracia – fabricando cidadãos felizes
Edgar Cabanas e Eva Illouz

*O mundo do avesso – Verdade e
política na era digital*
Letícia Cesarino

Título original: *Scorched Earth: Beyond the Digital Age to a Post-Capitalist World*
© Verso Books, London / New York, 2022
© Ubu Editora, 2023

COORDENAÇÃO EDITORIAL Florencia Ferrari
PREPARAÇÃO André Albert
REVISÃO Gabriela Naigeborin
PROJETO GRÁFICO Elaine Ramos e Flávia Castanheira
COMPOSIÇÃO Denise Matsumoto
PRODUÇÃO GRÁFICA Marina Ambrasas

EQUIPE UBU

DIREÇÃO Florencia Ferrari
DIREÇÃO DE ARTE Elaine Ramos
    e Júlia Paccola (assistente)
COORDENAÇÃO Isabela Sanches
EDITORIAL Bibiana Leme e Gabriela Naigeborin
DIREITOS AUTORIAS Júlia Knaipp
COMERCIAL Luciana Mazolini
    e Anna Fournier (assistente)
COMUNICAÇÃO / CIRCUITO UBU Maria Chiaretti e
    Walmir Lacerda (assistente)
DESIGN DE COMUNICAÇÃO Marco Christini
GESTÃO CIRCUITO UBU / SITE Laís Matias
ATENDIMENTO Micaely Silva

Dados Internacionais de Catalogação na Publicação (CIP)
Bibliotecário Odilio Hilario Moreira Junior – CRB 8 / 9949

C893t   Crary, Jonathan [1951–]
         Terra arrasada: além da era digital, rumo a um
         mundo pós-capitalista / Jonathan Crary; título
         original: *Scorched Earth: Beyond the Digital Age to
         a Post-Capitalist World*; traduzido por Humberto do
         Amaral.
São Paulo: Ubu Editora, 2023 / 192 pp./ Coleção Exit
ISBN 978 85 7126 098 6

1. Ciências sociais. 2. Internet. 3. Política. 4. Sociedade.
5. Capitalismo. 6. Filosofia. I. Amaral, Humberto do. II.
Título. III. Série.

2023-208   CDD 300 CDU 3

Índice para catálogo sistemático:
1. Ciências sociais 300
2. Ciências sociais 3

UBU EDITORA
Largo do Arouche 161 sobreloja 2
01219 011 São Paulo SP
professor@ubueditora.com.br
ubueditora.com.br
 /ubueditora

FONTE Edita e Fugue
PAPEL Alta alvura 90 g/m²
IMPRESSÃO Margraf